Baumdicker

Renten, Pensionen und das Finanzamt

Renten, Pensionen und das Finanzamt

Steuerratgeber für Rentenempfänger und Senioren

von
Dr. Gotthard Baumdicker,
Richter am Finanzgericht

WRS VERLAG WIRTSCHAFT, RECHT UND STEUERN

Baumdicker, Gotthard:
Renten, Pensionen und das Finanzamt: Steuerratgeber für Rentenempfänger und Senioren / von Gotthard Baumdicker. – 2. Aufl. – Planegg/München: WRS, Verlag Wirtschaft, Recht u. Steuern, 1991
(WRS-Steuer-Ratgeber)
ISBN 3-8092-0787-X

ISBN 3-8092-0787-X Bestell-Nr. 36.09

1. Auflage 1989 ISBN 3-8092-0559-1

2., überarbeitete Auflage 1991

Herstellung: J. P. Himmer GmbH, Augsburg.

Liebe Leserin, lieber Leser,

Rentner und Pensionäre sind eine starke Gruppe der Bevölkerung und damit wichtige Wähler, Reisende, Patienten, Konsumenten usw. Sie sind aber nicht gerade die häufigsten Klienten der Steuerberater. Dementsprechend ist das auf ihre Bedürfnisse zugeschnittene steuerliche Schrifttum spärlich. Der vorliegende Steuer-Ratgeber schließt diese Lücke. Bereits eingearbeitet sind in der Neuauflage die zahlreichen Änderungen durch das Steuerreformpaket 1990. Wichtige Grundsatzentscheidungen des Bundesfinanzhofs und aktuelle Erlasse der Finanzverwaltung sind berücksichtigt.

Wer selbst schon den Senioren-Stand erreicht hat, wer sich langsam mit dem Gedanken an den Ruhestand anfreundet oder wer Familienangehörigen oder Freunden mit Rat und Tat zur Seite steht: Sie werden erstaunt sein, wie viele Steuer-Spar-Möglichkeiten und Gestaltungs-Tricks die monatlichen Bezüge erheblich steigern.

Zahlreiche Beispiele aus der Praxis und unser neues Steuer-ABC für Rentner und Pensionäre erleichtern die Orientierung und ermöglichen den praktischen Einstieg.

Ein kleiner Tip am Rande: Richten Sie sich für Ihre Steuerangelegenheiten einen besonderen Ordner ein. Heben Sie sich darin zumindest die Abschriften der jährlichen Steuererklärungen auf, dazu möglichst auch die Belege und die im Laufe des Jahres gesammelten Steuertips und Hinweise aus Zeitschriften usw. So können Sie immer auf die früheren Unterlagen zurückgreifen. Ihre Arbeit an der Steuererklärung wird erheblich erleichtert. Zusammen mit diesem Ratgeber sind Sie dann in Ihrem steuerlichen Bereich optimal ausgerüstet. So sparen Sie Zeit und manche Steuer-Mark – die besten Voraussetzungen, den Ruhestand wirklich zu genießen.

Der Verfasser

Abkürzungsverzeichnis

Abs.	Absatz
Abschn.	Abschnitt
BFH	Bundesfinanzhof
BGB	Bürgerliches Gesetzbuch
BMF	Bundesministerium der Finanzen
BStBl	Bundessteuerblatt (Jahr, Teil, Seite)
Buchst.	Buchstabe
d. h.	das heißt
DM	Deutsche Mark
EFG	Entscheidungen der Finanzgerichte
EStDV	Einkommensteuer-Durchführungsverordnung
EStG	Einkommensteuergesetz
EStR	Einkommensteuer-Richtlinien
FA	Finanzamt
FG	Finanzgericht
ggf.	gegebenenfalls
LStR	Lohnsteuer-Richtlinien
n. F.	neue Fassung
Nr.	Nummer
NV-Bescheinigung	Nichtveranlagungs-Bescheinigung
OFD	Oberfinanzdirektion
s.	siehe
sog.	sogenannte(r,s)
usw.	und so weiter
v.	vom
vgl.	vergleiche
z. B.	zum Beispiel

Inhalt

Literaturverzeichnis

(Auswahl neueren Schrifttums)

Bader/Lammsfuß/Rinne, Renten–Raten–Dauernde Lasten im Zivil- und Steuerrecht, 2. Auflage 1989 (ein Leitfaden), Stollfuß Verlag Bonn.

Baumdicker, Die Einkommensteuer der Rentner, LSW Lexikon des Steuer- und Wirtschaftsrechts, Gruppe 5 S. 1343, WRS-Verlag Planegg/München.

Jansen/Wrede, Renten, Raten, Dauernde Lasten, 9. Auflage 1986, Herne/Berlin, Verlag Neue Wirtschafts-Briefe.

Pelikan, Rentenversicherung mit Versorgungsausgleich im Scheidungsfalle, 7. Auflage 1988, C. H. Beck-Verlag, München (ohne Steuerrecht).

Puhl, Die Einkommenbesteuerung von Renten unter besonderer Berücksichtigung der Rentner aus der gesetzlichen Rentenversicherung, Der Betrieb Beilage 9/84.

Reuter, Die Besteuerung von Zeitrenten aus Lebensversicherungen, Finanz-Rundschau 1982 S. 188.

Richter/Boveleth, Handbuch der Rentenbesteuerung, Loseblatt, Deubner-Verlag, Köln.

Rössler, Die Besteuerung von Zeitrenten aus Lebensversicherungen, Finanz-Rundschau 1982 S. 534.

Sauerland, Rentenbesteuerung, 9. Auflage 1983, Erich Fleischer-Verlag, Achim/Bremen.

Schulze zur Wiesche, Renten im Rahmen der vorweggenommenen Erbfolge und Erbauseinandersetzung, Deutsches Steuerrecht 1978 S. 604.

Stuhrmann, Versorgungsausgleich in einkommensteuerrechtlicher Sicht, Deutsches Steuerrecht 1977 S. 468.

Tiemann/Ferger, Der Versorgungsausgleich im Einkommensteuerrecht, NJW 1977 S. 2137.

Wollny, Ausgewählte Fragen der Besteuerung wiederkehrender Bezüge, Betriebs-Berater 1980 S. 306.

1 Wann sind Renten eigentlich steuerpflichtig?

1.1 Worauf zu achten ist

Renten sind **grundsätzlich** steuerpflichtig. Die meisten Rentner brauchen aber keine Einkommensteuer zu bezahlen, weil Renten i. d. R. nicht mit den zugeflossenen Jahresbeträgen, sondern nur mit dem **Ertragsanteil** versteuert werden müssen, und der macht nur einen Bruchteil der Jahresrente aus. Je älter jemand bei Beginn der Rente ist, desto niedriger ist der Ertragsanteil. Bei gleich hohen Renten können also jüngere Rentner (z. B. eine Witwe) mit ihren Renten steuerpflichtig sein, während jemand, der die Rente erst ab einem späteren Lebensjahr bezieht, keine Einkommensteuer zu tragen hat.

Beispiel:
Ein Lediger erhält eine Leibrente in Höhe von 1.500 DM monatlich, die nach Vollendung seines 65. Lebensjahrs begonnen hat. Der Ertragsanteil der Rente beträge 24%. Die Einkommensteuer berechnet sich danach wie folgt:

Jahreseinkommen der Rente 12 x 1.500 DM	=	18.000 DM
Ertragsanteil, 24% hiervon	=	4.320 DM
davon ab Werbungskosten-Pauschbetrag in Höhe von 200 DM	./.	200 DM
= zu versteuerndes Einkommen, wenn keine anderen Einkünfte vorliegen		4.120 DM.

Beim Ablesen der Einkommensteuer-Grundtabelle 1990 zeigt sich, daß bis zu 5.669 DM einkommensteuerfrei sind.

1.2 Wie berechnet sich die höchstmögliche steuerfreie Rente?

Die Rente in dem vorhergehenden Beispiel bleibt steuerfrei, weil der Ertragsanteil den steuerfrei bleibenden **Sockelbetrag** der Einkommensteuertabelle nicht überstiegen hat.

Um die höchstmögliche noch steuerfreie Rente zu berechnen, muß man aber noch verschiedene Pausch- und Freibeträge berücksichtigen.

Beispiel 1989:
Ein Lediger, dessen Leibrente nach Vollendung seines 65. Lebensjahrs begonnen hat, und der sonst keine steuerpflichtigen Einkünfte hat, kann 1989 folgende steuerfreie Rente beziehen:

Steuerfreier Betrag nach Grundtabelle	4.805,99 DM
+ Werbungskosten-Pauschbetrag	200,00 DM
+ Sonderausgaben-Pauschbetrag	270,00 DM
+ Vorsorge-Pauschbetrag	300,00 DM
+ Altersfreibetrag	720,00 DM
Summe	6.295,99 DM.

Jahresrente $\frac{6.295,99 \text{ DM} \times 100}{24} = 26.233,29 \text{ DM}$

Eine Jahresrente von 26.233,29 DM : 12 ergibt eine (noch steuerfreie) Monatsrente von 2.186,10 DM.

Beispiel 1990:
Ab 1990 erhöht sich der steuerfreie Sockelbetrag der Grundtabelle auf 5.669 DM, der Sonderausgaben-Pauschbetrag verringert sich auf 108 DM und der Altersfreibetrag und der Vorsorge-Pauschbetrag fallen weg. Danach beträgt die höchstmögliche steuerfreie Rente entsprechend dem Beispiel für 1989:

Steuerfreier Betrag nach Grundtabelle	5.669,99 DM
+ Werbungskosten-Pauschbetrag	200,00 DM
+ Sonderausgaben-Pauschbetrag	108,00 DM
Summe	5.977,99 DM.

Jahresrente $\frac{5.977,99 \text{ DM} \times 100}{24} = 24.908,29 \text{ DM}$

Eine Jahresrente von 24.908,29 DM : 12 ergibt eine (noch steuerfreie) Monatsrente von 2.075,69 DM.

Ehegatten aufgepaßt!

Zur Berechnung der höchstmöglichen steuerfreien Rente für Ehegatten ist zunächst für jeden Ehegatten der Ertragsanteil seiner Rente zu berechnen. Bei jedem Ehegatten wird ein Werbungskosten-Pauschbetrag von 200 DM abgezogen. Dann sind die sich daraus ergebenden Renteneinkünfte zusammenzuzählen. Von der Summe werden der Sonderausgaben-Pauschbetrag und der Vorsorge-Pauschbetrag in doppelter Höhe abgezogen sowie der Altersfreibetrag, der ggf. jedem Ehegatten zusteht, wenn er das 65. Lebensjahr vollendet hat. Der steuerfreie Sockelbetrag der Splitting-Tabelle beträgt für 1989: 9.610 DM, ab 1990: 11.339 DM.

Aber:

Ab 1990 entfallen der Altersfreibetrag und der Vorsorge-Pauschbetrag; der Sonderausgaben-Pauschbetrag verringert sich auf 108 DM/Ehegatten 216 DM.

Bezieht nur ein Ehegatte Rente, darf der Werbungskosten-Pauschbetrag nur einmal abgezogen werden. Bezieht also von Ehegatten nur einer Rente, kann eine steuerfreie Rente nahezu in doppelter Höhe wie bei einem Ledigen bezogen werden.

1.3 Was ist, wenn andere steuerpflichtige Einkünfte dazukommen?

Hat jemand neben seinen Renteneinkünften noch **andere steuerpflichtige Einkünfte**, läßt sich Einkommensteuer oft nicht vermeiden.

Solche anderen Einkünfte sind meistens

- Arbeitslohn,
- Versorgungsbezüge, wie Werks- oder Beamtenpensionen,
- Einkünfte aus Kapitalvermögen und
- Einkünfte aus Vermietung und Verpachtung.

Sie sind in den folgenden Kapiteln gesondert erläutert.

1.4 Was ist der Ertragsanteil?

Der Besteuerung der Renten mit dem Ertragsanteil liegt folgende Vorstellung zugrunde: Vermögensumschichtungen und Vermögensverzehr sollen grundsätzlich nicht als Einkommen besteuert werden, sondern nur **Erträge** aus dem Vermögen.

Die Rente wird hierbei als Zahlung aus einem verzinslich beim Rentenzahler (z. B. der Versicherungsgesellschaft) **angelegten Vermögen** verstanden, das bis zum Ende der Rente durch die Zahlungen aufgebraucht wird.

Die einzelne Rentenzahlung setzt sich deshalb aus einem Kapitalrückzahlungs- und aus einem Zinsbetrag zusammen. Der Kapitalrückzahlungsbetrag ist als reine Vermögensumschichtung (Rückzahlung früherer Beiträge) nicht einkommensteuerpflichtig.

Einkommensteuerpflichtig ist nur der **Zinsanteil.** Aus Vereinfachungsgründen wird dieser aber nicht nach den erzielten oder erzielbaren Zinsen aus dem angelegten Rentenvermögen berechnet. Er wird nach einer zu diesem Zweck aufgestellten besonderen Tabelle ermittelt und als Ertragsanteil bezeichnet.

Dieser Ertragsanteil bleibt außerdem einkommensteuerrechtlich zur Vereinfachung für die Dauer der Rentenzahlung **gleich hoch.**

1.5 Normale und abgekürzte Leibrenten

Bei einer **normalen Leibrente** werden fortlaufend wiederkehrende, gleichmäßige Leistungen in Geld (oder vertretbaren Sachen) bezogen, die auf einem einheitlich nutzbaren Recht (Rentenstammrecht) beruhen. Dieses Recht ist dem Berechtigten für eine **vom Leben einer Person** abhängige Zeit eingeräumt worden.

Abgekürzte Leibrenten hängen zwar auch vom Leben einer Person ab, sind zusätzlich aber auf eine **bestimmte Zeit** beschränkt (z. B. Rente auf Lebenszeit, höchstens jedoch für die Dauer von 15 Jahren). Die zeitliche Befristung muß i. d. R. einen Zeitraum von mindestens **10 Jahren** umfassen, um überhaupt eine Rente (mit der damit verbundenen günstigeren Besteuerung) annehmen zu können.

Die Ertragsanteil-Tabellen sind für normale Leibrenten und für abgekürzte Leibrenten verschieden.

- Für normale Leibrenten ist die Ertragsanteil-Tabelle in § 22 Nr. 1 Buchst. a EStG festgelegt. S. → Abschn. „ABC für Rentner und Pensionäre“ **Tabelle 1.**
- Für abgekürzte Leibrenten ist die Ertragsanteil-Tabelle in § 55 Abs. 2 EStDV festgelegt. Vgl. → Abschn. „ABC für Rentner und Pensionäre“ **Tabelle 2**.

1.6 Der Regelfall: Die normale Leibrente

Zu den normalen Leibrenten zählen im wesentlichen:

- Alters- und Hinterbliebenenrenten der gesetzlichen Rentenversicherung.

Altersruhegeld und Witwenrente sind Leibrenten und mit dem Ertragsanteil steuerpflichtig. Bei Witwenrenten ist für die Berechnung des Ertragsanteils vom Alter der verwitweten Person im Zeitpunkt des Todes des ursprünglich Rentenberechtigten auszugehen.

Witwenrenten können auch abgekürzte Leibrenten sein (s. Abschn. 1.7).

- Lebensversicherungsrenten.
- Private Unfallrenten aus der eigenen Unfallversicherung.

  Unfallversicherungsrenten aus einer gesetzlichen in- oder ausländischen Unfallversicherung sind steuerfrei (§ 3 Nr. 1a EStG).
- Renten aus betrieblichen Pensions- und Unterstützungskassen. Hier gilt folgendes: Hat der Arbeitnehmer den Arbeitgeberbeitrag früher als Arbeitslohn versteuert, ist von der Rente der Ertragsanteil zu versteuern; andernfalls sind die Leistungen in voller Höhe nachträgliche Einnahmen aus nichtselbständiger Arbeit.

  Ausnahme: Wenn der Arbeitnehmer die Beiträge an die Versorgungseinrichtung teilweise selbst geleistet hat, braucht er nur den Ertragsanteil zu versteuern.
- Zahlungen auf Lebenszeit aufgrund testamentarischer Anordnungen (z. B. Rente an die langjährige Haushälterin), aufgrund von Erbverträgen oder im Wege der vorweggenommenen Erbfolge.

S. auch Abschn. 3 → „Leibrenten".

In folgenden Fällen sind **keine Leibrenten** anzunehmen:

- Leistungen, die vom **Umsatz** oder **Gewinn** eines Unternehmens abhängig sind,
- Leistungen, die vom Preis einer bestimmten Menge Edelmetallen oder **Naturalien** (z. B. Weizen, Roggen) abhängen,
- Einräumung eines lebenslänglichen Wohnrechts einschließlich der Versorgung mit Strom und Heizung.

1.7 Die abgekürzte Leibrente im einzelnen

Als abgekürzte Leibrenten werden eingestuft:

- Berufs- und Erwerbsunfähigkeitsrenten sind abgekürzte Leibrenten, deren Laufzeit mit der späteren Umwandlung in Altersruhegeld endet. Der Ertragsanteil ist nach der Tabelle 2 (§ 55 Abs. 2 EStDV) zu ermitteln (s. Abschn. 3). Mit der Umwandlung wird eine neue Rente begründet. Der neue Ertragsanteil ist der Tabelle 1 (§ 22 Nr. 1a EStG) zu entnehmen (s. Abschn. 3).

- Waisenrenten rechnen ebenfalls zu den abgekürzten Leibrenten, denn sie müssen nur bis zur Vollendung des 18. bzw. 25. Lebensjahrs des Kindes gezahlt werden.
- Die kleine Witwen- und Witwerrente sind stets eine abgekürzte Leibrente. Der Ertragsanteil ist nach § 55 Abs. 2 EStDV zu ermitteln, wobei davon auszugehen ist, daß die Rente mit Vollendung des 45. Lebensjahrs in eine lebenslängliche große Witwen- und Witwerrente umgewandelt ist.

S. auch ABC-Teil Abschnitt → „Abgekürzte Leibrenten", → „Waisenrenten", → „Witwen-/Witwerrenten", → „Tabelle 1", → „Tabelle 2".

1.8 Vereinbarungssache: Private/betriebliche Rentenleistungen

Neben den bekannten Renten aus der gesetzlichen Rentenversicherung werden gelegentlich auch vertraglich private oder betriebliche Renten vereinbart. Für die Steuer kommt es u. a. darauf an, ob es sich um versteckte private Unterhaltsleistungen handelt. Die sind nach § 12 Nr. 2 EStG grundsätzlich nicht abziehbar. Auch private Vermögensumschichtungen sind einkommensteuerrechtlich unbeachtlich. Es könnte sich jedoch auch um **Kaufpreisraten** handeln.

Wird eine Rente vertraglich vereinbart, ist beim **Rentenzahler** zu prüfen, ob und in welcher Höhe er die einzelnen Rentenzahlungen bei sich steuerlich abziehen kann. Auf der anderen Seite ist zu prüfen, ob der **Rentenempfänger** seine Rentenbezüge in voller Höhe oder nur mit dem geringeren Ertragsanteil oder überhaupt nicht versteuern muß. Zweckmäßigerweise ist zu unterscheiden zwischen **privaten** Renten, d. h.

- private Veräußerungsrenten,
- private Versorgungsrenten oder
- private Unterhaltsrenten und

betrieblichen Renten, d. h.

- betriebliche Veräußerungsrenten oder
- betriebliche Versorgungsrenten.

1.8.1 Private Veräußerungsrenten

Eine private Veräußerungsrente ist die Gegenleistung für die Übernahme eines privaten Wirtschaftsguts. Dabei sind Leistung und Gegenleistung nach wirtschaftlichen Gesichtspunkten gegeneinander abgewogen worden.

Beispiel:
Ein Mietwohngrundstück, das einen Verkehrswert von 400.000 DM hat, wird gegen Zahlung einer monatlichen Leibrente von 3.000 DM übernommen. Der Kapitalwert der Rente beläuft sich ebenfalls auf 400.000 DM. Leistung und Gegenleistung sind also ausgewogen.

Der Rentenberechtigte hat die Rente mit dem Ertragsanteil nach Tabelle 1 (§ 22 Nr. 1a EStG, s. Abschn. 3) zu versteuern, der Rentenverpflichtete zieht den Ertragsanteil von seinen Einnahmen aus Vermietung und Verpachtung als Werbungskosten ab.

Die **Ausnahme:** Bei der eigengenutzten Wohnung gilt aber seit 1987: Keine Besteuerung, also auch **keine** Werbungskosten.

1.8.2 Private Versorgungsrenten

Um private Versorgungsrenten handelt es sich bei Renten im Zusammenhang mit einer Vermögensübertragung, wenn die Rente nicht als Gegenleistung (z. B. für ein übernommenes Haus), sondern unter Versorgungsgesichtspunkten gezahlt wird.

Beispiel:
Sohn A übernimmt von seinem Vater ein Haus, das einen Verkehrswert von 150.000 DM hat, gegen eine Leibrente von monatlich 1.500 DM. Der Kapitalwert der Rente beträgt 250.000 DM.

Da der Wert der Gegenleistung (Verkehrswert des Hauses) nicht weniger als die Hälfte des Werts der Rente beträgt, überwiegt der Unterhaltscharakter nicht. Der Rentenverpflichtete (A) kann also den Ertragsanteil der Rente als Sonderausgaben absetzen und der Vater muß ihn versteuern.

1.8.3 Private Unterhaltsrenten

Eine private Unterhaltsrente liegt vor, wenn zwischen Personen eine Rente vereinbart wird, und zwar

- entweder **ohne jegliche Gegenleistung** oder

- wenn der Wert der Gegenleistung (z. B. eines übernommenen Hauses) bei überschlägiger und großzügiger Berechnung **weniger als die Hälfte** des Kapitalwerts der Rente beträgt (Abschn. 123 Abs. 3 EStR).

Beispiel 1:
Sohn B gewährt seiner Mutter, die nur eine kleine Witwenrente bezieht, eine monatliche Rente von 500 DM.

Beispiel 2:
Tochter C übernimmt von ihrer Mutter eine Eigentumswohnung mit einem Verkehrswert von 80.000 DM gegen Gewährung einer Rente von monatlich 1.500 DM (Kapitalwert 200.000 DM). Der Wert der Gegenleistung (80.000 DM) beträgt weniger als 50% des Kapitalwerts der Rente.

In beiden Fällen liegen **private** Unterhaltsrenten vor. Der Verpflichtete kann den Ertragsanteil nicht absetzen, der Berechtigte braucht daraus nichts zu versteuern.

Renten, die an geschiedene oder dauernd getrennt lebende Ehegatten gezahlt werden, gehören ebenfalls zu den privaten Unterhaltsrenten.

1.8.4 Betriebliche Veräußerungsrenten

Eine betriebliche Veräußerungsrente liegt vor, wenn

- der Kaufpreis gezahlt wird für die Übertragung eines ganzen Betriebs oder Teilbetriebs, Anteils an einem land- und forstwirtschaftlichen Betriebsvermögen, Anteils an einer Mitunternehmerschaft, eines Anteils am Vermögen aus selbständiger Arbeit oder eines einzelnen Wirtschaftsguts, das zu einem Betriebsvermögen gehört und
- Leistung und Gegenleistung nach kaufmännischen Gesichtspunkten gegeneinander abgewogen wurden.

Beim Käufer stellt der Kapitalwert der Rente die Anschaffungskosten für den Betrieb oder den Anteil am Betrieb dar. Der Kapitalwert der Rente ist zu passivieren und zu jedem folgenden Bilanzstichtag nach versicherungsmathematischen Grundsätzen neu zu ermitteln. Die Rentenzahlungen sind in voller Höhe **Betriebsausgaben**.

Zulässig ist auch die Methode, die Rentenzahlungen direkt mit dem Kapitalwert der Rente zu verrechnen. Erst wenn auf diese Weise die Rentenlast erreicht ist, mindern die laufenden Rentenzahlungen den Gewinn, was unter Umständen steuerlich nachteilig sein kann.

1.8.5 Betriebliche Versorgungsrenten

Die betriebliche Versorgungsrente unterscheidet sich von der betrieblichen Veräußerungsrente durch den Zweck, d. h. die Versorgung des Rentenberechtigten steht im Vordergrund.

Die Gleichwertigkeit von Leistungen und Gegenleistung spricht für eine Veräußerungsrente, die Unausgewogenheit von Leistungen und Gegenleistung für eine Versorgungsrente. Aber sogar bei Gleichwertigkeit von übertragenem Betriebsvermögen und vereinbarter Rente kann eine Versorgungsrente vorliegen[1].

Der Rentenberechtigte muß die Rente von der ersten Zahlung an als nachträgliche Einkünfte aus Land- und Forstwirtschaft, Gewerbebetrieb oder selbständiger Arbeit voll versteuern[2].

Bei Betriebsübertragungen zwischen Eltern und Kindern oder anderen nahen Verwandten, unter Vereinbarung einer Versorgungsrente, wird vermutet, daß für die Rentenzahlungen ein außerbetrieblicher Anlaß besteht[3].

In solchen Fällen wird daher i. d. R. entweder eine private Unterhaltsrente (bei gegenseitig zum Unterhalt verpflichteten Personen) oder eine private Versorgungsrente anzunehmen sein.

Das gleiche gilt für Versorgungsrenten, die von Familien-Personengesellschaften an ausgeschiedene Gesellschafter gezahlt werden[4]. Eine betriebliche (also durch den Betrieb veranlaßte) Versorgungsleistung wird meist dann vorliegen, wenn sie als (nachträgliche) Vergütung für im Betrieb erbrachte Leistungen des Berechtigten gezahlt wird.

1.9 Einkommensteuererklärung – Anlage „KSO"

Renten werden, wenn sie nicht ausnahmsweise einer anderen Einkunftsart zugerechnet werden müssen, in der **Anlage KSO** (Seite 2), das ist die Anlage zur Einkommensteuererklärung über die sonstigen Einkünfte, erklärt. Hierfür gilt im wesentlichen:

---

1 BFH, Urteil v. 30. 7. 1959, IV 265/58 U, BStBl 1959 III S. 406.
2 BFH, Urteil v. 10. 10. 1963, VI 322, 323/61 U, BStBl 1963 III S. 592.
3 BFH, Urteile v. 17. 1. 1961, I 141/60 U, BStBl 1961 III S. 130 u. v. 21. 12. 1977, I R 52/76, BStBl 1978 II S. 332.
4 BFH, Urteile v. 17. 1. 1961, I 141/60 U, BStBl 1961 III S. 130 u. v. 21. 12. 1977, I R 52/76, BStBl 1978 II S. 332.

- **Leibrenten** sind nur in Höhe des gesetzlichen Ertragsanteils steuerpflichtig. Der Ertragsanteil deckt sich ungefähr mit dem Zinsanteil auf das eingezahlte Kapital. Der Kapitalanteil bleibt steuerfrei.
- Durch Ankreuzen ist im Vordruck anzugeben, auf welcher **Rechtsgrundlage** die Leibrente beruht.
- Es ist weiter der **Zeitpunkt** anzugeben, zu dem der Rentenanspruch **entstanden** ist. Auf den Zeitpunkt des Antrags oder der Zahlung kommt es nicht an.

Beispiel:
Ein Steuerzahler erhält im Mai 1990 einen Rentenbescheid, nach welchem ihm ab dem 1. 10. 1989 eine Rente bewilligt wird. Im Juli 1990 erhält er seine Monatsrente für Juli 1990 und eine Nachzahlung der Rente ab Oktober 1989. Die Rente ist am 1. 10. 1989 entstanden. Die Zahlungen sind im Jahr 1990 steuerpflichtig. Eine Verteilung auf die letzten 3 Jahre kann beantragt werden (Abschn. 200 EStR).

- Die **Umwandlung** in eine andere Rente, z. B. in das Altersruhegeld, bedeutet den Beginn einer neuen Leibrente, deren Ertragsanteil neu zu berechnen ist. Maßgebend ist das Lebensalter im Zeitpunkt der Umwandlung. Die bis dahin gezahlte Leibrente ist eine sog. abgekürzte Leibrente, deren Ertragsanteil aus der Tabelle 2 (§ 55 Abs. 2 EStDV s. Abschn. 3) zu entnehmen ist. Die Einkommensteuererklärung verlangt hierzu die Angabe, wann die Rente spätestens erlischt bzw. umgewandelt wird.
- In der Steuererklärung sind die **vollen Rentenbezüge** anzugeben. Da die Kinderzuschüsse aus gesetzlichen Rentenversicherungen gem. § 3 Nr. 1b EStG und die Zuschüsse der Rentenversicherung zur Krankenversicherung der Rentner gem. § 3 Nr. 14 EStG steuerfrei sind, werden sie nicht mit eingetragen. Dies gilt auch für Leistungen nach dem Kindererziehungsleistungs-Gesetz.
- Es ist unzulässig, die anzugebenden Rentenbezüge um den an die **Krankenversicherung** gezahlten Beitrag zu kürzen. Der eigene Anteil am Krankenversicherungsbeitrag (ohne Zuschuß) ist eine Sonderausgabe und im Hauptvordruck zur Einkommensteuererklärung einzutragen.
- Als **Werbungskosten** können die Kosten für die Beratung über das Bestehen und die Höhe von Rentenansprüchen aus gesetzlichen Rentenversicherungen in Betracht kommen, auch insoweit sie vorsorglich aufgewendet werden; außerdem die Kosten für Sozialgerichtsprozesse.

- Als Werbungskosten brauchen bei Renten und wiederkehrenden Bezügen nur Beträge angegeben zu werden, die insgesamt den Werbungskosten-Pauschbetrag von **200 DM** übersteigen.

Was sind andere wiederkehrende Bezüge?

Sonstige Bezüge sind im Gegensatz zu Leibrenten **voll** steuerpflichtig. Dazu zählen z. B. die **Altenleistungen** in der Land- und Forstwirtschaft, **Zeitrenten** und **Schadensersatzrenten** für den Verlust von Unterhaltsansprüchen (§ 844 Abs. 2 BGB).

Unterhaltsleistungen an Ehegatten können bis zu 27.000 DM jährlich als **Sonderausgaben** geltend gemacht werden (Real-Splitting). Das hat zur Folge, daß die als Sonderausgaben vom Unterhaltszahler abgezogenen Leistungen beim Empfänger zu versteuern und hier einzutragen sind. Dieser kann den Werbungskosten-Pauschbetrag von 200 DM geltend machen. 1989 betrug der Höchstbetrag nur 18.000 DM.

2 Wie werden Pensionen besteuert?

Spricht man von **Pensionen**, sind damit i. a. die Versorgungsbezüge älterer Menschen gemeint. Sie gehören steuerrechtlich zu der Einkunftsart „Einkünfte aus nichtselbständiger Arbeit", werden also dem Arbeitslohn gleichgestellt. Sie dürfen nicht mit den Renten verwechselt werden, die zu der Einkunftsart „Sonstige Einkünfte" zählen.

Zu den Einkünften aus nichtselbständiger Arbeit (§ 19 Abs. 1 EStG) gehören

1. Gehälter, Löhne, Gratifikationen, Tantiemen und andere Bezüge und Vorteile, die für eine **Beschäftigung** im öffentlichen oder privaten Dienst gewährt werden,
2. Wartegelder, Ruhegelder, Witwen- und Waisengelder und andere Bezüge und Vorteile aus **früheren** Dienstleistungen.

Daraus ergibt sich, daß die Versorgungsbezüge sowohl aus öffentlichen Diensten als auch aus privaten Diensten zu den Einkünften aus nichtselbständiger Arbeit rechnen.

Daneben können Rentner und Pensionäre auch Arbeitslohn für eine im Ruhestand ausgeübte Tätigkeit beziehen, die zu Einkünften aus nichtselbständiger Arbeit führt (s. Abschn. 4 „Zusätzlicher Arbeitslohn").

Versorgungsbezüge werden im Gegensatz zu den Leibrenten mit den **vollen Einkünften** besteuert, was im Ergebnis jedoch durch den Versorgungsfreibetrag (§ 19 Abs. 2 EStG) erheblich gemildert wird (s. Abschn. 2.3).

2.1 Beamtenpensionen

Die Versorgungsbezüge des öffentlichen Dienstes sind in § 19 Abs. 2 S. 2 EStG umschrieben. Danach handelt es sich um

- Bezüge und Vorteile aus früheren Dienstleistungen,
- die als Ruhegehalt, Witwen- oder Waisengeld, Unterhaltsbeiträge oder als gleichartige Bezüge
- aufgrund beamtenrechtlicher oder entsprechender gesetzlicher Vorschriften oder
- nach beamtenrechtlichen Grundsätzen von Körperschaften, Anstalten oder Stiftungen des öffentlichen Rechts oder öffentlich-rechtlichen Verbänden von Körperschaften gewährt werden.

Gemeint sind, kurz ausgedrückt, die Pensionen der Beamten.

2.2 Werkspensionen

Der Ausdruck **Werkspension** ist kein Begriff, der im Einkommensteuergesetz verwendet wird. Er dient allgemein als Bezeichnung der Pensionen aus dem **privaten Dienst** im Gegensatz zu den Beamtenpensionen. § 19 Abs. 2 Nr. 2 EStG bezeichnet sie als Bezüge und Vorteile aus früheren Dienstleistungen, die in „anderen Fällen" (als die oben in Abschn. 2.1 aufgeführten) wegen Erreichens einer Altersgrenze, Berufsunfähigkeit, Erwerbsunfähigkeit oder als Hinterbliebenenbezüge gewährt werden. Bezüge, die wegen Erreichens einer Altersgrenze gewährt werden, gelten erst dann als Versorgungsbezüge, wenn der Steuerzahler das **62. Lebensjahr**, oder wenn er Schwerbehinderter ist, das 60. Lebensjahr vollendet hat.

Die Bezeichnung **„Betriebsrenten"** für diese Bezüge ist nicht sehr treffend, weil es sich eben nicht um Renten im steuerrechtlichen Sinn handelt.

Zu diesen Bezügen gehören unter den gegebenen Voraussetzungen nicht nur die unmittelbar von dem früheren Arbeitgeber gezahlten Beträge, sondern auch Leistungen aus einer **betrieblichen Unterstützungskasse** des ehemaligen Arbeitgebers.

Die steuerrechtliche Zuordnung der Werkspensionen zu den Einkünften aus nichtselbständiger Arbeit bewirkt u. a. folgendes: Die Werkspensionäre müssen, wie auch die Ruhestandsbeamten dem Arbeitgeber bzw. der auszahlenden Kasse eine **Lohnsteuerkarte** vorlegen, damit bei der zahlenden Stelle die Lohnsteuer und Lohnkirchensteuer einbehalten werden kann. S. Abschn. 2.3: „Vorlage der Lohnsteuerkarte“.

2.3 Ein Steuerbonbon: Der Versorgungs-Freibetrag

Versorgungsbezüge werden im Vergleich zu den Löhnen und Gehältern der aktiven Beamten usw. niedriger besteuert; es wird nämlich ein Versorgungs-Freibetrag gewährt.

Der **Versorgungs-Freibetrag** (§ 19 Abs. 2 EStG) beträgt

- **40%** der Versorgungsbezüge,
- höchstens jedoch bis zu **4.800 DM jährlich**.

Der Versorgungs-Freibetrag wird nicht gesondert auf der **Lohnsteuerkarte** eingetragen, sondern von der auszahlenden Kasse von sich aus berücksichtigt. Am Jahresende bescheinigt die auszahlende Kasse die Höhe der Versorgungsbezüge. Die richtige Berechnung des Versorgungs-Freibetrags wird ggf. vom Finanzamt im Lohnsteuer-Jahresausgleich oder bei der Einkommensteuerveranlagung überprüft und richtig gestellt.

Beispiel:
Ein verheirateter Rentner über 65 Jahre, Ehefrau unter 62 Jahre alt, hat folgende Einnahmen und Ausgaben:

Altersrente aus der gesetzlichen Rentenversicherung ab Vollendung des 63. Lebensjahrs	24.000 DM
Steuerfreie Zuschüsse zu den Krankenversicherungsbeiträgen	1.416 DM
Eigenanteil hierfür	1.416 DM
Werkspension des früheren Arbeitgebers	13.000 DM
Beiträge zur Haftpflicht- und Unfallversicherung	1.000 DM

Die **Steuerberechnung für 1989** ergibt:

Einkünfte aus nichtselbständiger Arbeit

Versorgungsbezüge – Werkspensionen		13.000 DM
./. Weihnachts-Freibetrag	600 DM	
./. Arbeitnehmer-Freibetrag	480 DM	

./. Versorgungs-Freibetrag			
40% v. 13.000 DM, höchstens jedoch	4.800 DM		
./. Werbungskosten-Pauschbetrag	564 DM	6.444 DM	6.556 DM

Sonstige Einkünfte

Altersrente aus der gesetzlichen Rentenversicherung		
Ertragsanteil 26% von 24.000 DM	6.240 DM	
./. Werbungskosten-Pauschbetrag	200 DM	6.040 DM
Summe der Einkünfte		12.596 DM
Ein Altersentlastungsbetrag fällt nicht an.		0 DM
Gesamtbetrag der Einkünfte		12.596 DM
Sonderausgaben:		
Vorsorgeaufwendungen (Versicherungsbeiträge)	2.416 DM	
Pauschbetrag für übrige Sonderausgaben	540 DM	2.956 DM
Einkommen		9.640 DM
Alters-Freibetrag für Ehemann		720 DM
zu versteuerndes Einkommen		8.920 DM

Eine Einkommensteuerschuld nach der **Splitting-Tabelle** 1989 fällt nicht an, da die Splitting-Tabelle erst eine Steuer ab 9.612 DM vorsieht.

Die **Steuerberechnung ab 1990** ergibt:

Einkünfte aus nichtselbständiger Arbeit

Versorgungsbezüge – Werkspensionen		13.000 DM	
./. Versorgungs-Freibetrag			
40% von 13.000 DM, höchstens	4.800 DM		
./. Arbeitnehmer-Pauschbetrag	2.000 DM	6.800 DM	6.200 DM

Sonstige Einkünfte	
wie Beispiel 1989	+ 6.040 DM
Summe der Einkünfte und zugleich Gesamtbetrag der Einkünfte	12.240 DM

Sonderausgaben		
Vorsorgeaufwendungen (Versicherungsbeiträge)	2.416 DM	
Pauschbetrag für übrige Sonderausgaben	216 DM	./. 2.632 DM
Einkommen		9.608 DM
Alters-Freibetrag entfällt ab 1990		0 DM
Zu versteuerndes Einkommen		9.608 DM

Nach der **Splitting-Tabelle 1990** fällt bis 11.339 DM keine Steuer an.

2.4 Es gibt noch mehr Freibeträge

Ebenso wie bei den Aktivbezügen (Gehältern) werden bei den Pensionen die **Freibeträge** abgezogen, die für Einkünfte aus nichtselbständiger Arbeit gelten.

Es handelt sich insoweit um den **Weihnachts-Freibetrag** (600 DM, § 19 Abs. 3 EStG) und den **Arbeitnehmer-Freibetrag** (480 DM, § 19 Abs. 4 EStG).

Neu: Beide Freibeträge fallen ab 1990 weg. Zum Ausgleich wird ab 1990 der Werbungskosten-Pauschbetrag für Einkünfte aus nichtselbständiger Arbeit, also auch für die Pensionen, von 564 DM auf **2.000 DM** erhöht.

Beziehen **beide Ehegatten** Versorgungsbezüge, stehen ihnen der Versorgungs-Freibetrag, der Weihnachts-Freibetrag und der Arbeitnehmer-Freibetrag jeweils gesondert zu. Sie können jedoch nur bis zur Höhe des jeweiligen Arbeitslohns bzw. der jeweiligen Versorgungsbezüge des einzelnen Ehegatten abgezogen werden, d. h. die Freibeträge sind nicht auf den anderen Ehegatten übertragbar.

2.5 Werbungskosten, die sich auswirken

Werbungskosten sind Aufwendungen zur Erwerbung, Sicherung und Erhaltung der Einnahmen (§ 9 Abs. 1 EStG). Bei Pensionen fallen die üblichen Werbungskosten der Arbeitnehmer, wie Aufwendungen für Fahrten zwischen Wohnung und Arbeitsstätte und für Arbeitsmittel kaum an. In Betracht kommen jedoch ggf. Prozeßkosten, die mit der Pension zusammenhängen.

Fallen keine höheren Werbungskosten an, wird der **Werbungskosten-Pauschbetrag** für Einkünfte aus nichtselbständiger Arbeit in Höhe von 564 DM gewährt. **Ab 1990** erhöht sich dieser Betrag auf **2.000 DM** jährlich. Bei Ehegatten steht der Werbungskosten-Pauschbetrag jedem Ehegatten zu, der eine Pension bezieht.

2.6 Wenn die Lohnsteuerkarte zur Pflicht wird . . .

Da die Pensionen zu den Einkünften aus nichtselbständiger Arbeit gehören, muß der Pensionär seiner auszahlenden Stelle eine **Lohnsteuerkarte** vorlegen.

Wie bei allen anderen Arbeitnehmern müssen deshalb auch Pensionäre zunächst darauf achten, daß die Angaben auf ihrer Lohnsteuerkarte richtig sind.

Ehegatten, die beide Einkünfte aus nichtselbständiger Arbeit haben (z. B. ein Ehegatte erhält eine Pension, der andere Arbeitslohn), müssen sich die **Wahl der Steuerklasse** überlegen. Zwar werden unrichtige Steuerklassen bei der Veranlagung zur Einkommensteuer bzw. beim Lohnsteuer-Jahresausgleich im Ergebnis korrigiert, aber bei ungünstigen Steuerklassen kann es zur Überzahlung von Einkommensteuer kommen. Zur Wahl stehen zwei Steuerklassen-Kombinationen:

- Die **Steuerklassen-Kombination IV/IV** ist günstig, wenn die Ehegatten etwa gleich viel verdienen, wobei bei demjenigen Ehegatten, der eine Pension bezieht, der Versorgungsfreibetrag vorher zu berücksichtigen ist.
- Die **Steuerklassen-Kombination III/V** ist vorteilhaft, wenn der Ehegatte mit der Steuerklasse III etwa 60%, der in Steuerklasse V eingestufte Ehegatte dagegen etwa 40% der gemeinsamen Einkünfte aus nichtselbständiger Arbeit erzielt. Dies gilt jeweils nach Abzug der auf der Lohnsteuerkarte eingetragenen Freibeträge.

Was man über Lohnsteuerklassen wissen sollte:

- Die günstigste Steuerklasse III gilt für verheiratete Arbeitnehmer, wenn beide Ehegatten im Inland und nicht dauernd getrennt leben, der Ehegatte keinen Arbeitslohn oder Pension bezieht oder zwar Arbeitslohn/Pension erhält, aber für ihn die Steuerklasse V eingetragen wird. Verwitwete Arbeitnehmer erhalten die Steuerklasse III nur, wenn der Ehegatte im Vorjahr verstorben ist, beide am Todestag im Inland gewohnt und nicht dauernd getrennt gelebt haben.

- Die Steuerklasse IV gilt für verheiratete Arbeitnehmer, die beide Arbeitslohn/Pension beziehen, im Inland wohnen und nicht getrennt leben.
- Die Steuerklasse V erhält ein Ehegatte anstelle der Steuerklasse IV, wenn der andere Ehegatte in Steuerklasse III eingereiht wird. Die Steuerklasse V führt zu einem verhältnismäßig hohen Lohnsteuerabzug.
- Die Steuerklasse VI wird auf der zweiten oder jeder weiteren Lohnsteuerkarte eingetragen, wenn ein Arbeitnehmer nebeneinander von mehreren Arbeitgebern Arbeitslohn/Pension erhält. Sie ist die ungünstigste Steuerklasse. Die entsprechende Lohnsteuerkarte sollte dem Arbeitgeber vorgelegt werden, von dem der niedrigere Arbeitslohn/Pension bezogen wird.

Die Steuerklasseneintragung kann vor dem 1. Januar des betroffenen Jahrs von der Gemeinde stets **geändert** werden. Später ist die Änderung der Steuerklasse bis zum 30. 11. des laufenden Jahrs grundsätzlich nur noch einmal möglich.

Für die einzelnen Steuervergünstigungen ist eine **Eintragung auf der Lohnsteuerkarte** erforderlich, wenn sie bereits beim Lohnsteuerabzug und nicht erst nach dem Ende des Jahrs beim Lohnsteuer-Jahresausgleich oder bei der Einkommensteuer-Veranlagung berücksichtigt werden sollen.

S. Abschn. 3 → „Lohnsteuerermäßigung“.

3 ABC für Rentner und Pensionäre

Abfindungen

Wer aus dem Arbeitsleben ausscheiden will, sollte sich zuvor über **Steuerfreiheit von Abfindungen** informieren.

Abfindungen, die bei Beendigung des Arbeitsverhältnisses vom Arbeitgeber gezahlt werden, sind bis zu bestimmten Beträgen steuerfrei (§ 3 Nr. 9 EStG). Darüber hinaus können sie auf **Antrag** dem halben Steuersatz unterworfen werden (§§ 24 Nr. 1, 34 Abs. 1 EStG).

I. a. sind Abfindungen bis **24.000 DM** steuerfrei. Sie sind bis **30.000 DM** steuerfrei, wenn der Empfänger das 50. Lebensjahr vollendet und sein Dienstverhältnis mindestens 15 Jahre bestanden hat. Bis zu **36.000 DM** sind sie steuerfrei, wenn der Empfänger das 55. Lebensjahr und eine 20jährige

Dienstzeit vollendet hat. Es handelt sich nicht um Jahresfreibeträge. Die Zahlungen können sich also über mehrere Jahre erstrecken.

Voraussetzung der Steuerfreiheit ist, daß die Auflösung des Dienstverhältnisses vom Arbeitgeber veranlaßt oder vom Arbeitsgericht ausgesprochen ist. In Betracht kommen ordentliche oder außerordentliche Kündigungen, ebenso Vereinbarungen zwischen Arbeitgeber und Arbeitnehmer sowie Vereinbarungen zwischen Arbeitgeber und Betriebsrat. Ist die Auflösung des Dienstverhältnisses von beiden Seiten (einvernehmlich) veranlaßt, ist die Abfindung steuerlich begünstigt, wenn dem Arbeitnehmer die weitere Zusammenarbeit mit dem Arbeitgeber nicht mehr zuzumuten war.

Abfindungen sind **Entschädigungen.** Der Arbeitnehmer erhält sie als Ausgleich für die Nachteile, die mit der Auflösung des Dienstverhältnisses verbunden sind, besonders für den Verlust des Arbeitsplatzes. Normale Lohn- oder Gehaltszahlungen, auf die der Arbeitnehmer schon aufgrund seines Arbeitsvertrags einen Anspruch hat, fallen nicht darunter. Maßgeblich ist jeweils der Zeitpunkt, zu dem das Dienstverhältnis beendet wurde.

Zahlungen, mit denen entgangene Verdienstmöglichkeiten für die Zeit nach Beendigung des Dienstverhältnisses abgegolten werden, sind i. a. begünstigt.

Die Frage, zu welchem **Zeitpunkt** das Dienstverhältnis beendet worden ist, richtet sich nach bürgerlichem Recht (Arbeitsrecht). Insoweit haben die Beteiligten einen Spielraum für eine steuerlich günstige Gestaltung, d. h. sie können das Dienstverhältnis beliebig zu einem früheren oder späteren Zeitpunkt beenden.

Die Steuerfreiheit der Abfindung setzt weiter voraus, daß der Arbeitnehmer aus dem Dienstverhältnis ausscheidet. Dies ist jedoch für die Steuerermäßigung nach §§ 24 Nr. 1, 34 Abs. 1 EStG nicht erforderlich. Wird daher der Arbeitnehmer im Unternehmen nur **umgesetzt** und zahlt ihm der Arbeitgeber hierfür einen Einmalbetrag, um den Wegfall künftiger Einnahmen auszugleichen, wird die Zahlung ermäßigt besteuert.

Ist die Zahlung eine Entlohnung für über **mehrere Jahre** geleistete Dienste, handelt es sich um einen bereits erdienten Arbeitslohn, auf den ein Rechtsanspruch besteht. Es ist keine Abfindung im obigen Sinn. Es gibt trotzdem eine steuerliche Begünstigung: Die Zahlung kann auf mehrere Jahre verteilt werden, wodurch die Steuerprogression niedrig gehalten werden kann.

S. → „Kapitalabfindung“.

Abgekürzte Leibrenten

Als Leibrente wird auch die sog. abgekürzte Leibrente angesehen. Eine solche liegt vor, wenn

- die Rente zwar von dem Leben einer Person,
- zugleich aber auch von einer festen zeitlichen Begrenzung abhängt.

Beispiele: Waisenrente, Erwerbsunfähigkeitsrente aus der gesetzlichen Rentenversicherung.

Das bedeutet, daß diese Rente mit dem Ableben der Person, spätestens aber durch den Ablauf der vereinbarten Zeit, z. B. nach 12 Jahren, **erlischt.** Möglich ist hierbei die Festlegung einer Mindest-(Mindestzeit-Leibrente) und auch einer Höchstlaufzeit (Höchstzeit-Leibrente).

Bei Mindestzeit-Leibrenten wird die Rente nach dem Tod der begünstigten Person bis zum Ablauf der Mindestzeit an eine andere Person, i. a. die Erben, weitergezahlt.

Die **Höchstzeit-Leibrente** ist in § 55 Abs. 2 EStDV geregelt. Der steuerpflichtige Ertragsanteil ist der dort festgelegten besonderen Tabelle zu entnehmen (Tabelle 2 s. Abschn. 3).

Die **Mindestzeit-Leibrente** ist gesetzlich nicht ausdrücklich geregelt. Ihre steuerliche Behandlung richtet sich in Anlehnung an die für andere Renten geltenden Vorschriften.

Beispiel 1:
Der Rentenempfänger ist bei Rentenbeginn 20 Jahre alt. Die Rente wird ihm auf Lebenszeit, längstens 15 Jahre lang, gewährt.

Diese Rente ist eine abgekürzte Leibrente mit Höchstzeitbegrenzung. Der Ertragsanteil ergibt sich aus der Tabelle 2 (§ 55 Abs. 2 EStDV s. Abschn. 3 [hier: 25%]).

Beispiel 2:
Der Rentenempfänger ist bei Rentenbeginn 70 Jahre alt. Die Leibrente wird auf

a) 10 Jahre, b) 20 Jahre, c) 30 Jahre

gewährt. In diesem Fall beträgt die mittlere Lebenserwartung des Berechtigten nach der „Allgemeinen Sterbetafel für die Bundesrepublik Deutschland 1970/72" bei Männern rd. 9 Jahre, bei Frauen rd. 12 Jahre.

Ein rentenberechtigter Mann wird daher in den **Fällen b) und c)** kaum in den Genuß der Mindestlaufzeit kommen. Hier ist anzunehmen, daß die Lebenszeit des Berechtigten für die Bemessung der Rente ohne wirtschaftliche Bedeutung ist, so daß die Rente nicht als Leibrente, sondern als Zeitrente zu beurteilen ist. Der Ertragsanteil ist deshalb aus der Tabelle 2, s. Abschn. 3 (§ 55 Abs. 2 EStDV) zu entnehmen.

Im **Fall a)** stimmen Lebenserwartung und Mindestlaufzeit annähernd überein. In diesem Fall ist der **höhere** Ertragsanteil nach der Tabelle 1 s. Abschn. 3 (§ 22 Nr. 1a EStG) oder nach der Tabelle 2 s. Abschn. 3 (§ 55 Abs. 2 EStDV) maßgeblich.

Beispiel 3:
Ein Arbeitnehmer erhält nach Vollendung des 50. Lebensjahrs eine Erwerbsunfähigkeitsrente von 1.500 DM monatlich (= 18.000 DM jährlich), die nach Vollendung des 62. Lebensjahrs in ein Altersruhegeld umgewandelt werden soll.

Die Laufzeit der Erwerbsunfähigkeitsrente beträgt 12 Jahre, der Ertragsanteil nach Tabelle 2 21% = 3.780 DM.

Besonderheit: Rentenbeginn vor dem 1. 1. 1955

Sollte der Rentenbeginn noch vor dem 1. 1. 1955 gelegen haben, ist für das Ablesen der genannten Tabellen nicht das vollendete Lebensjahr des Rentners bei Beginn des Rentenbezugs maßgeblich, sondern sein vor dem 1. 1. 1955 vollendetes Lebensjahr (§ 22 Nr. 1a EStG, § 55 Abs. 1 Nr. 1 EStDV). Grund hierfür ist die Neuregelung der Rentenbesteuerung ab 1955.

Besonderheit: Lebenszeit mehrerer Personen

Bei **abgekürzten** Leibrenten, die von der **Lebenszeit mehrerer** Personen abhängen, gelten folgende Grundsätze:

Ist die abgekürzte Leibrente eine **Höchstzeit-Leibrente,** gilt die Tabelle 2 s. Abschn. 3 (§ 55 Abs. 2 EStDV), doch ist die Tabelle 1 s. Abschn. 3 (§ 22 Nr. 1a EStG) zugrunde zu legen, wenn der entsprechende Ertragsanteil dort geringer ist. Hierbei ist jeweils das Lebensalter der Bezugsperson zugrunde zu legen.

Ist die abgekürzte Leibrente eine **Mindestzeit-Leibrente,** fehlt es an einer ausdrücklichen gesetzlichen Regelung und das Ergebnis ist durch Auslegung der gesetzlichen Vorschriften über die anderen Renten zu finden.

a) Ist die Mindestzeit der Rente höher als die voraussichtliche mittlere Lebenserwartung des Rentners, liegt wirtschaftlich eine Zeitrente vor (s. → „Zeitrenten"). Nach dem Ableben des Erstberechtigten wird die Rente an den Erben weitergezahlt. Da sie bei diesem nicht mehr durch die Lebenserwartung, sondern allein durch die feste Laufzeit beschränkt ist, ist die Rente auch beim Erben als Zeitrente zu besteuern.

b) Ist die Mindestlaufzeit der Rente **gleich** der voraussichtlichen Erlebensdauer des Berechtigten oder ist sie **niedriger,** ist der Ertragsanteil entsprechend § 55 Abs. 1 Nr. 3 EStDV zu ermitteln. Maßgeblicher Ertragsanteil ist der **höhere** aus Tabelle 1 s. Abschn. 3 (§ 22 Nr. 1a EStG) für den Rentenberechtigten ermittelte Ertragsanteil oder der für die Mindestlaufzeit der Rente aus Tabelle 2 s. Abschn. 3 (§ 55 Abs. 2 EStDV) ermittelte.

Aufrundung/Abrundung

Bemißt sich bei einer abgekürzten Leibrente die beschränkte Laufzeit nicht auf volle Jahre, so ist bei Anwendung der Tabelle 2 (§ 55 Abs. 2 EStDV) die Laufzeit aus Vereinfachungsgründen auf volle Jahre aufzurunden, wenn der Jahresbruchteil mehr als $\frac{6}{12}$, und abzurunden, wenn er nicht mehr als $\frac{6}{12}$ beträgt[5].

Altenpflegeheim/Pflegeheim

Steuerlich wird für die Unterbringung in einem gewöhnlichen Heim nur ein **Freibetrag** gewährt, während die Unterbringung auf einer **Pflegestation,** auch wenn sie nur in einem Heim ist, wie eine Krankheit behandelt wird. S. → „Krankheitskosten".

Pflegestation:

Aufwendungen für sich selbst oder den Ehepartner für Unterbringung in einer Pflegestation können wie Krankenhauskosten berücksichtigt werden. Notwendig hierfür ist aber, daß die Kosten durch die Inanspruchnahme des erhöhten Pauschbetrags für Körperbehinderte von 7.200 DM nicht abgegolten sind.

Neben diesem Pauschbetrag kann der Abzugsbetrag für Heimbewohner (s. unten) beansprucht werden. Werden insoweit Unterbringungskosten als außergewöhnliche Belastung geltend gemacht, muß ein auf hauswirt-

---

5 Abschn. 167 Abs. 6 EStR.

schaftliche Dienstleistung entfallender Anteil abgezogen werden, der pauschal in Höhe des Freibetrags (1.200 DM) angesetzt werden kann.

Heimunterbringung

Für eine Heim- oder Pflegeunterbringung wird ein steuerfreier Betrag von jährlich **1.200 DM** als außergewöhnliche Belastung anerkannt (§ 33b Abs. 3 EStG).

Notwendig hierfür ist, daß der Steuerzahler oder sein Ehegatte in einem Heim oder dauernd zur Pflege untergebracht sind. Die Aufwendungen für die Unterbringung müssen Kosten für **Dienstleistungen** enthalten, die mit denen einer Hausgehilfin oder Haushaltshilfe vergleichbar sind.

Liegen bei **Ehegatten** gleichzeitig die Voraussetzungen sowohl für die Gewährung des Freibetrags für Heimunterbringung als auch für die Beschäftigung einer Hausgehilfin vor, kommt nur ein Freibetrag in Betracht. Es ist jedoch der jeweils höchste Betrag abzuziehen.

Heime in diesem Sinn sind Alten-, Altenwohn- und Pflegeheime. Auf die Höhe der tatsächlichen Kosten kommt es nicht an.

Ab 1990 gilt:

- Der Abzugsbetrag für Heimbewohner beträgt wie bisher 1.200 DM jährlich, wenn keine Pflegebedürftigkeit besteht.
- Er beträgt 1.800 DM, wenn die Unterbringung zur dauernden Pflege erfolgt.

Der Freibetrag für die Heim- oder Pflegeunterbringung und der Freibetrag für eine Hausgehilfin/Haushaltshilfe werden, auch bei zusammenveranlagten Ehegatten, **nur einmal** gewährt. Ab 1990 gilt dies nicht, wenn die Ehegatten wegen Pflegebedürftigkeit eines der Ehegatten an einer gemeinsamen Haushaltsführung gehindert sind (§ 33b Abs. 3 EStG n.F.).

Altenteilsleistungen

Altenteilsleistungen aus Hofübergaben sollen in erster Linie den Lebensbedarf der Übergeber (Eltern) sicherstellen. Barleistungen werden von der Finanzverwaltung als wiederkehrende Bezüge (dauernde Lasten) angesehen. Dies hat zur Folge, daß sie beim Geber voll abziehbar, dagegen beim Empfänger auch voll zu versteuern sind.

Bei solchen Barleistungen besteht bei ihrer Begründung ein gewisser Spielraum. Sie sollten als Leibrente ausgestaltet werden, wenn der Empfänger hohe Einkommensteuer zu zahlen hat (wegen der vorteilhaften Besteuerung nur mit dem Ertragsanteil) und als dauernde Last, wenn er wenig oder nur niedrige Steuer tragen muß.

Altersentlastungsbetrag

Durch den Altersentlastungsbetrag (§ 24a EStG) werden die Bezüge von Senioren begünstigt, die **weder Leibrenten** (z. B. Sozialversicherungsrenten) **noch Versorgungsbezüge** (Pensionen, bestimmte Werkspensionen) sind. Denn Leibrenten und Versorgungsbezüge werden bereits anderweitig begünstigt, und zwar Leibrenten durch die Besteuerung des Ertragsanteils, Versorgungsbezüge durch die Gewährung des Versorgungs-Freibetrags.

- Der Altersentlastungsbetrag wird ab dem Kalenderjahr gewährt, das der **Vollendung des 64. Lebensjahrs** des Steuerzahlers folgt (für 1990: für vor dem 2. 1. 1926 Geborene usw.).
- Der Altersentlastungsbetrag beträgt **40% des Arbeitslohns** aus einer aktiven Tätigkeit **und** der **positiven** Summe der übrigen Einkünfte (ohne die Leibrenten), die nicht solche aus nichtselbständiger Arbeit sind. Der Arbeitslohn ist „brutto" zu verstehen, d. h. ohne Abzug von Weihnachts-Freibetrag, Arbeitnehmer-Freibetrag und Werbungskosten.
- Es gilt jedoch ein **Höchstbetrag** von 3.720 DM im Kalenderjahr (bis 1989: 3.000 DM).
- Bei zusammenveranlagten Ehegatten ist er für **jeden Ehegatten** gesondert zu berechnen.

  Er beträgt bei Ehegatten daher maximal 7.440 DM jährlich (bis 1989: 6.000 DM).
- Daneben wird ggf. auch der **Altersfreibetrag** gewährt (nur noch bis einschließlich 1989).
- Bei Arbeitnehmern wird der Altersentlastungsbetrag bereits beim **Lohnsteuerabzug** berücksichtigt.

S. → „Altersfreibetrag".

Beispiel 1:

Ein 65jähriger bezieht als Arbeitslohn	20.000 DM
jedoch sind darin Versorgungsbezüge enthalten in Höhe von	14.000 DM

dazu Einkünfte aus Kapitalvermögen	2.000 DM
sowie einen Verlust aus Vermietung und Verpachtung von	./. 4.000 DM

Der Altersentlastungsbetrag beträgt 40% des Arbeitslohns ohne die Versorgungsbezüge, d. h. 20.000 DM ./. 14.000 DM = 6.000 DM, daraus ergeben sich 2.400 DM. Die Einkünfte aus Kapitalvermögen und aus Vermietung und aus Verpachtung werden als „übrige Einkünfte" zusammengerechnet, aber bei der Berechnung des Altersentlastungsbetrags nicht berücksichtigt, weil ihre Summe negativ ist (- 4.000 DM + 2.000 DM = - 2.000 DM).

Beispiel 2:
Ehegatten, beide 65 Jahre alt, beziehen beide Leibrenten und haben zusätzlich Zinseinnahmen von 4.000 DM.

Der Altersentlastungsbetrag beträgt hier 40% der positiven Summe der übrigen Einkünfte ohne die Leibrenten.

Zinseinnahmen	4.000 DM
./. Werbungskosten-Pauschbetrag	200 DM
./. 2 x Sparerfreibetrag	1.200 DM
übrige Einkünfte	2.600 DM
Altersentlastungsbetrag davon 40%	1.040 DM.

Solange die Höchstbeträge des Altersentlastungsbetrags (3.000 DM, ab 1990: 3.720 DM) bei einem Ehegatten nicht überschritten werden, führt die Aufteilung der Zinseinkünfte auf die einzelnen Ehegatten zu keinem anderen Ergebnis.

Beispiel 3 (Stand 1990):

Ein verheirateter Rentner erhält ab dem 65. Lebensjahr eine Jahresrente in Höhe von	48.000 DM

Beide Ehegatten sind über 65 Jahre alt.

Ansonsten erzielte der Ehemann Zinsen in Höhe von	10.500 DM
Die Ehefrau erzielte Zinsen in Höhe von	7.500 DM

Der **Altersentlastungsbetrag** berechnet sich wie folgt:

Der **Ehemann** erhält den Altersentlastungsbetrag aus der „Summe der positiven Einkünfte, die nicht solche aus nichtselbständiger Arbeit sind“,

das sind die Zinsen	10.500 DM
./. Werbungskosten-Pauschbetrag	100 DM
./. Sparer-Freibetrag	600 DM
Einkünfte aus Kapitalvermögen	9.800 DM
davon 40%	3.920 DM
– höchstens jedoch	3.720 DM

Die **Ehefrau** erhält den Altersentlastungsbetrag

aus den Zinsen	7.500 DM
./. Werbungskosten-Pauschbetrag	100 DM
./. Sparer Freibetrag	600 DM
Einkünfte aus Kapitalvermögen	6.800 DM
Altersentlastungsbetrag 40% davon	2.720 DM.
Die Summe der Altersentlastungsbeträge ergibt	3.720 DM
	+ 2.720 DM
	6.440 DM.

Der mögliche Höchstbetrag von 7.440 DM ist nicht ausgeschöpft; die Differenz beträgt 1.000 DM. Um den Restbetrag von 1.000 DM noch auszuschöpfen, empfiehlt es sich für die Ehegatten, Kapitalvermögen in der Höhe vom Ehemann auf die Ehefrau zu übertragen, daß 40% der Zinsen daraus 1.000 DM ausmachen, also

$$\frac{1.000 \times 100}{40} = 2.500 \text{ DM Zinsen.}$$

2.500 DM Zinsen entsprechen bei einem Zinssatz von 8% einem Kapital von

$$\frac{2.500 \times 100}{8} = 31.250 \text{ DM Kapital.}$$

Altersfreibetrag

Der Altersfreibetrag (§ 32 Abs. 8 EStG) war bis 1989 eine Vergünstigung für alle, die **65 Jahre** und älter waren.

- Er betrug **720 DM jährlich.**
- Er wird jedem Steuerzahler gewährt, der vor Beginn des Kalenderjahrs sein 64. Lebensjahr vollendet hat. Das bedeutet für 1989, daß er vor dem 2. 1. 1925 geboren sein muß.
- Erfüllen beide Ehegatten die Altersvoraussetzungen, können sie bei der Zusammenveranlagung also 1.440 DM abziehen.
- Die Art der Einkünfte ist unerheblich.
- Ab 1990 fällt der Altersfreibetrag weg. Ein gewisser Ausgleich ergibt sich daraus, daß der Altersentlastungsbetrag ab 1990 von 3.000 DM auf 3.720 DM erhöht wird (s. → Altersentlastungsbetrag).

Der Altersfreibetrag wurde bereits beim **Lohnsteuer-Abzug** berücksichtigt, wenn er auf der Lohnsteuerkarte eingetragen war. Andernfalls wurde er beim Lohnsteuer-Jahresausgleich oder bei der Einkommensteuerveranlagung automatisch aufgrund der angegebenen Geburtsdaten der Steuerzahler gewährt.

Altershilfe für Landwirte

Die nach dem Gesetz über eine Altershilfe für Landwirte (GAL) gezahlten Renten gehören zu der gesetzlichen Rentenversicherung.

Das **Altersgeld** und das **vorzeitige Altersgeld** sind Leibrenten, die mit dem Ertragsanteil gem. Tabelle 1 (s. Abschn. 3) zu besteuern sind.

- Altersgeld erhält ein landwirtschaftlicher Unternehmer, wenn er das 65. Lebensjahr vollendet hat, ausreichende Beiträge an die Landwirtschaftliche Alterskasse gezahlt und das Unternehmen abgegeben hat.
- Vorzeitiges Altersgeld erhält ein erwerbsunfähiger Landwirt, der entsprechende Mindestbeiträge an die Landwirtschaftliche Alterskasse entrichtet und das Unternehmen abgegeben hat.
- Altersgeld oder vorzeitiges Altersgeld werden auch dem Witwer oder der Witwe eines landwirtschaftlichen Unternehmens gewährt, wobei für Männer eine Altersgrenze von 65 Lebensjahren, bei Frauen von 60 Lebensjahren gilt.

Waisengelder (§ 3a GAL) und **Hinterbliebenengelder** (§ 3b GAL) sind abgekürzte Leibrenten, die mit dem Ertragsanteil nach Tabelle 2 (s. Abschn. 3) zu besteuern sind.

Waisengeld wird bis zur Vollendung des 18. Lebensjahrs gezahlt; ggf. auch für eine längere Zeit.

Hinterbliebenengeld erhalten Witwen und Witwer landwirtschaftlicher Unternehmer, wenn im Haushalt des Empfängers mindestens ein waisengeldberechtigtes Kind oder Pflegekind lebt, das das 16. Lebensjahr noch nicht vollendet hat oder infolge körperlicher oder geistiger Gebrechen außerstande ist, sich selbst zu unterhalten.

Altersrente der Abgeordneten

Nach dem früheren **Diätengesetz** hatten die Abgeordneten aus ihrer Aufwandsentschädigung einen Beitrag für eine Alters- und Hinterbliebenenversorgung zu entrichten. Die daraus gezahlten Versorgungsbezüge sind **Leibrenten** und nach § 22 Nr. 1a EStG mit dem Ertragsanteil (Tabelle 1 s. Abschn. 3) zu versteuern. Dies gilt für die auf dieser Grundlage gezahlten Versorgungsbezüge noch heute.

Nach **heutigem Recht** regelt sich die Versorgung der Abgeordneten nach dem Abgeordnetengesetz v. 18. 2. 1977 (BGBl 1977 I S. 297). Die Versorgungsleistungen auf dieser Grundlage sind einkommensteuerrechtlich sonstige Bezüge (§ 22 Nr. 4 EStG), also keine Renten. Sie werden voll versteuert, jedoch kommt der Versorgungsfreibetrag nach § 19a Abs. 2 EStG (höchstens 4.800 DM zum Zuge, s. Versorgungs-Freibetrag). Die Neuregelung gilt entsprechend auch für die Abgeordnetenversorgung der Länder und des Europaparlaments.

Altersruhegeld

Ein Versicherter der gesetzlichen Arbeiter- oder Angestelltenversicherung erhält ein Altersruhegeld, wenn er die Altersgrenze erreicht, also grundsätzlich mit Vollendung des 65. Lebensjahrs. Auf Antrag wird nach Vollendung des 63. Lebensjahrs flexibles Altersruhegeld gewährt.

Ist der Versicherte ein anerkannter Schwerbehinderter oder berufs- oder erwerbsunfähig, wird ihm das flexible Altersruhegeld bereits nach dem 60. Lebensjahr zugebilligt. Auch Altersruhegeld für Arbeitslose und Altersruhegeld für Frauen werden beim Vorliegen der versicherungsrechtlichen Voraussetzungen auf Antrag nach Vollendung des 60. Lebensjahrs gewährt.

Zur Zeit bestehen Pläne der Bundesregierung, diese Altersgrenzen zu ändern.

Da bei diesen Renten der Rentenanspruch mit dem Tode des Berechtigten erlischt (Leibrente), ist der Ertragsanteil jeweils nach der Tabelle 1 (s. Abschn. 3, § 22 Nr. 1a EStG) zu ermitteln.

Angestellten-Renten s. → „Gesetzliche Rentenversicherung".
Arbeiter-Renten s. → „Gesetzliche Rentenversicherung".

Arten der Renten

Renten kann man nach verschiedenen Gesichtspunkten unterscheiden, z. B. die verschiedenen Arten der gesetzlichen Rentenversicherung (s. → gesetzliche Rentenversicherung).

Steuerrechtlich ist die Unterscheidung der Rente nach der **Laufzeit** wichtig. Danach unterscheidet man Leibrenten, die auf Lebenszeit laufen, abgekürzte Leibrenten, die zwar auch vom Leben einer Person abhängen, zugleich aber noch durch einen Zeitraum begrenzt sind und Zeitrenten, die lediglich durch einen Zeitraum begrenzt sind, ohne vom Leben einer Person abzuhängen.

S. → „Leibrenten", → „Abgekürzte Leibrenten" und → „Zeitrenten".

Außergewöhnliche Belastungen

Eine Möglichkeit für Senioren, Steuern zu sparen, ist: Außergewöhnliche Belastungen geltend zu machen. Als solche fallen bei ihnen im wesentlichen Krankheitskosten, Kurkosten, Beerdigungskosten für den Ehegatten usw., Kraftfahrzeugkosten für ihre Fahrten als Körperbehinderte, und Aufwendungen für ein Alten- oder Pflegeheim an.

Außergewöhnliche Belastungen erkennt das Gesetz an, wenn bei einem Steuerzahler zwangsläufig größere Aufwendungen als der überwiegenden Mehrzahl der Steuerzahler gleicher Einkommens- und Vermögensverhältnisse und gleichen Familienstands anfallen (§ 33 Abs. 1 EStG). Mit anderen Worten, man darf sich den Aufwendungen aus rechtlichen, tatsächlichen oder sittlichen Gründen **nicht entziehen** können.

Außergewöhnliche Belastungen können nur insoweit abgezogen werden, als sie den Umständen nach **notwendig** sind und einen **angemessenen** Betrag nicht übersteigen. Soweit derartige Ausgaben von anderer Seite ersetzt werden (Versicherungen, Beihilfen, Unterstützungen, Entschädigungen usw.), können sie nicht geltend gemacht werden; häufig fällt aber noch ein **überschießender Teil** an (z. B. Krankheitskosten), der nicht ersetzt worden ist.

Die Einkommensteuer wird auf Antrag dadurch ermäßigt, daß die Aufwendungen vom Gesamtbetrag der Einkünfte abgezogen werden. Einen Teil der Aufwendungen muß der Steuerzahler aber auf jeden Fall selbst tragen, das ist die zumutbare Belastung. Sie berechnet sich nach folgender Tabelle.

Die **zumutbare Belastung** beträgt bei einem Gesamtbetrag der Einkünfte	bis DM 30.000	über DM 30.000 bis 100.000	über DM 100.000
	in Prozent des Gesamtbetrags der Einkünfte		
1. Bei Steuerzahlern, die keine Kinder haben und bei denen die Einkommensteuer			
a) nach dem Grundtarif	5	6	7
b) nach dem Splittingtarif zu berechnen ist	4	5	6
2. bei Steuerzahlern mit			
a) einem Kind oder zwei Kindern	2	3	4
b) drei oder mehr Kindern	1	1	2

S. → „Altenpflegeheim/Pflegeheim", → „Beerdigungskosten", → „Diätverpflegung", → „Kurkosten", → „Kraftfahrzeugkosten", → „Krankheitskosten".

Beerdigungskosten

Beerdigungskosten müssen in erster Linie aus dem Nachlaß bezahlt werden. Reicht dieser nicht aus, kann derjenige, der die Kosten trägt, unter Umständen die Aufwendungen ganz oder teilweise als allgemeine außergewöhnliche Belastungen (§ 33a EStG) geltend machen. S. außergewöhnliche Belastungen.

Die Aufwendungen sind um Versicherungsleistungen zu kürzen. Sie müssen aus einer sittlichen Verpflichtung heraus vorgenommen werden, was bei Verwandten i. a. anzunehmen ist.

Die Kosten müssen notwendig und angemessen sein. Ausgaben für die Trauerkleidung und für die Bewirtung von Trauergästen werden nicht anerkannt, ebensowenig für die Grabpflege.

Folgende Kosten kommen in Betracht:
Kosten für den Sarg, die Totenwäsche, Trauerdrucksachen, Aufbewahrungskosten, Überführungskosten, amtliche Gebühren, Blumenschmuck, Kauf einer Grabstätte sowie eines Grabsteins, Todesanzeigen usw.

Für ein Erdbegräbnis in einer Großstadt wurden nahezu 10.000 DM noch als angemessen angesehen[6].

Berufsständische Versorgungseinrichtungen

Leistungen aus berufsständischen Fürsorge- oder Versorgungseinrichtungen, auf die der Empfänger keinen Anspruch hat, bei denen er aber schon nach kurzer Laufzeit mit dem fortlaufenden Bezug rechnen kann, behandelt die Finanzverwaltung aus Billigkeitsgründen von Anfang an als Renten.

Diese werden mit dem Ertragsanteil des § 22 Nr. 1a EStG besteuert. Das gilt nicht, sofern sie zu einer anderen Einkunftsart gehören (Abschn. 167 Abs. 3 EStR).

Berufsunfähigkeits-/Erwerbsunfähigkeitsrenten

Wer vor Erreichen der Altersgrenze berufs- oder erwerbsunfähig oder ein anerkannter Schwerbehinderter ist, erhält in der gesetzlichen Rentenversicherung eine Berufs- oder Erwerbsunfähigkeitsrente, wenn die Voraussetzungen erfüllt sind. Die Laufzeit dieser Renten ist beschränkt, weil sie in dem Zeitpunkt enden, in dem sie in das Altersruhegeld umgewandelt werden. Deshalb sind Berufsunfähigkeitsrenten und Erwerbsunfähigkeitsrenten **abgekürzte Leibrenten**, für die der Ertragsanteil nach Tabelle 2 (s. Abschn. 3, § 55 Abs. 2 EStDV) zugrunde zu legen ist.

---

6 FG Berlin, Urteil v. 14. 4. 1982, III 101/82, EFG 1982 S. 467.

I. a. wird umgewandelt, wenn die Voraussetzungen für den Anspruch auf Altersruhegeld bei Frauen wegen Vollendung des 60. Lebensjahrs und bei Männern wegen Vollendung des 62. Lebensjahrs erfüllt sind und ein entsprechender Antrag gestellt ist. Davon ist bei der Ermittlung des Ertragsanteils auszugehen.

Hat jemand aber die anrechnungsfähigen Versicherungsjahre mit den Mindestzeiten nicht erfüllt, ist eine Umwandlung der Berufs- oder Erwerbsunfähigkeitsrente in das Altersruhegeld ausgeschlossen. In solchen Fällen wird die Berufs- oder Erwerbsunfähigkeitsrente auf Lebenszeit gewährt, so daß der Ertragsanteil nach der Tabelle 2 für normale Leibrenten, s. Abschn. 3 (§ 22 Nr. 1a EStG) zu ermitteln ist.

S. → „Umwandlung".

Betriebliche Pensionskassen

Die aus betrieblichen Pensionskassen gezahlten Renten sind in aller Regel **Leibrenten**. Es kann sich aber auch um **Arbeitslohn** handeln (s. hierzu Abschn. 1.6).

Diätverpflegung

Diätverpflegung konnte früher als außergewöhnliche Belastung geltend gemacht werden. Nach einer Gesetzesänderung werden die Kosten jetzt nicht mehr anerkannt, selbst wenn eine ärztliche Bescheinigung über die Notwendigkeit der Diätverpflegung beigebracht wird.

Erhebung der Einkommensteuer

Die Einkommensteuer wird durch Veranlagung, durch Abzug vom Arbeitslohn (Lohnsteuer) oder durch Abzug bei Kapitalerträgen (Kapitalertragsteuer) erhoben.

Für das **Veranlagungsverfahren** müssen beim Finanzamt Einkommensteuererklärungen eingereicht werden. Anhand dieser ermittelt das Finanzamt das zu versteuernde Einkommen und setzt die Einkommensteuer in einem besonderen Bescheid fest (Einkommensteuer-Bescheid). Für die zu erwartende Einkommensteuerschuld können jeweils vierteljährliche Vorauszahlungen festgesetzt werden.

Das Finanzamt führt für den einzelnen Steuerzahler Akten und kann aufgrund der früheren Steuererklärungen und ggf. aufgrund von Kontrollmitteilungen (z. B. melden die öffentlichen Rundfunkanstalten dem Finanzamt gezahlte Honorare) gewisse Überprüfungen vornehmen.

Bei den Einkünften aus nichtselbständiger Arbeit wird die Einkommensteuer bereits beim Arbeitgeber durch Abzug vom Arbeitslohn erhoben **(Lohnsteuer)**. Der Arbeitgeber behält die Lohnsteuer bei der Lohnzahlung ein und führt sie regelmäßig an das Finanzamt ab. Der Arbeitnehmer ist und bleibt jedoch der Schuldner dieser Lohnsteuer. Die Bezüge und die Lohnsteuer vermerkt der Arbeitgeber auf der Lohnsteuerkarte. Am Ende des Jahrs führt er bzw. auf Antrag das Finanzamt den Lohnsteuer-Jahresausgleich durch, in dem Vergünstigungen berücksichtigt und überzahlte Lohnsteuer erstattet werden.

Jede Person wird mit ihren Einkünften einzeln zur Einkommensteuer veranlagt. **Ehegatten**, die beide im Inland wohnen und nicht dauernd getrennt leben, werden grundsätzlich zusammenveranlagt und mit der günstigeren Splitting-Tabelle besteuert. Es genügt, wenn die Voraussetzungen hierfür zu Beginn des Jahrs vorgelegen haben oder im Laufe des Jahrs eingetreten sind.

Eheleute können aber auch die **getrennte Veranlagung** wählen. Bei dieser werden jedem Ehegatten nur die von ihm bezogenen Einkünfte zugerechnet. Sie führt i. a. zu einer höheren Steuer, da die ungünstigere Grundtabelle angewendet wird. Vorteile bringt die getrennte Veranlagung dann, wenn die Ehegatten bei der Zusammenveranlagung bestimmte Steuervergünstigungen nur einmal in Anrechnung bringen können, während sie bei getrennter Veranlagung sowohl dem Ehemann als auch der Ehefrau zustehen. Voraussetzung ist natürlich, daß beide Ehegatten steuerpflichtige Einkünfte haben.

Das Splittingverfahren können auch **verwitwete Personen** für das Kalenderjahr anwenden, das dem Todesjahr des verstorbenen Ehegatten folgt. Dies gilt ebenso für **geschiedene Personen** im Jahr der Scheidung, wenn der bisherige Ehegatte wieder geheiratet hat und mit dem neuen Ehegatten die Voraussetzungen zur Veranlagung erfüllt.

Wann gibt es eine Einkommensteuer-Veranlagung?

Für Personen, die **keine** Einkünfte aus nichtselbständiger Arbeit, sondern nur andere Einkünfte haben (z. B. Rentner), ist regelmäßig eine Einkommensteuer-Veranlagung durchzuführen, wenn eine Steuerschuld zu erwarten ist.

Personen, die Einkünfte aus **nichtselbständiger Arbeit** beziehen, werden ebenfalls in bestimmten Fällen zur Einkommensteuer veranlagt. Dies gilt besonders, wenn das Einkommen mehr als 27.000 DM/Verheiratete 54.000 DM beträgt (§ 46 Abs. 1 EStG; bis 1989: 24.000/48.000 DM).

Für **Rentner und Pensionäre** mit Einkünften aus nichtselbständiger Arbeit ist eine Veranlagung häufig erforderlich (§ 46 EStG),

- wenn die Einkünfte, von denen keine Lohnsteuer einbehalten worden ist (Renteneinkünfte, Zinseinkünfte) mehr als **800 DM** im Jahr betragen; bei zusammenveranlagten Ehegatten gilt diese Grenze in gleicher Höhe;
- wenn Arbeitslohn von **mehreren Arbeitgebern** bezogen wird; Versorgungsbezüge gelten als Arbeitslohn;
- wenn einbehaltene Kapitalertragsteuer oder Körperschaftsteuer angerechnet und ggf. erstattet werden soll.

S. Abschn. 5.2 „Kapitalertragsteuer“.

Erhöhung der Rente

Wird eine Rente durch die Erhöhung lediglich den **gestiegenen Lebenshaltungskosten** angepaßt, z. B. aufgrund einer Wertsicherungsklausel, oder werden die Renten aus den gesetzlichen Rentenversicherungen bei Veränderungen der allgemeinen Bemessungsgrundlage angeglichen, ist keine neue Rente anzunehmen. Das bedeutet, daß sich auch der Ertragsanteil nicht ändert[7]. Von einer neuen Rente ist auch dann nicht auszugehen, wenn die Erhöhung zeitlich mit einer vorangegangenen Herabsetzung zusammenhängt.

Erfährt jedoch das **Rentenstammrecht** durch die Erhöhung der Rente eine zusätzliche Werterhöhung, ist der Erhöhungsbetrag eine selbständige Rente, für die der Ertragsanteil vom Zeitpunkt der Erhöhung an gesondert zu ermitteln ist. Dies gilt ohne Rücksicht darauf, ob die Erhöhung von vornherein vereinbart war oder erst im Laufe des Rentenbezugs vereinbart worden ist.

S. auch → „Herabsetzung der Rente“.

---

7 BFH, Urteil v. 10. 10. 1969, VI R 267/66, BStBl 1970 II S. 9.

Ertragsanteil

Leibrenten sind Leistungen aus einem Rentenstammrecht. Das ist das **Kapital**, das aus den Beiträgen des Rentenberechtigten und seines Arbeitgebers angesammelt wurde.

Die Rentenzahlung selbst besteht aus zwei Teilen, nämlich aus der **Rückzahlung** jeweils eines Teils des angesammelten Kapitals und aus den **Zinserträgen** dieses Kapitals. Die Rückzahlung des Kapitals unterliegt nicht der Einkommensteuer, denn der Rentner erhält insoweit lediglich seine früher geleisteten Beiträge zurück, worin eine einkommensteuerfreie Vermögensumschichtung zu sehen ist.

Der in den Rentenzahlungen enthaltene Zinsertrag unterliegt dagegen wie alle Zinserträge der Einkommensteuer. Diesen Zinsertrag besteuert das Einkommensteuergesetz als **„Ertragsanteil"**; der allerdings nur ungefähr dem Zinsertrag entspricht und aus Vereinfachungsgründen gesetzlich festgelegt ist.

Bei Leibrenten richtet sich der Ertragsanteil nach der voraussichtlichen **Laufzeit** der Rente, die vom Lebensalter bei Beginn der Rente abhängt. Je früher die Rente beginnt, um so länger ist ihre Laufzeit und um so höher ist der Ertragsanteil.

Beginn des Rentenbezugs ist für die Berechnung des Ertragsanteils nicht der Zeitpunkt der tatsächlichen Auszahlung, sondern der Zeitpunkt, von dem an versicherungsrechtlich die Rente zu laufen beginnt, d. h. der Rentenanspruch entsteht. Der danach ermittelte Ertragsanteil bleibt während der gesamten Laufzeit der Rente unverändert. Auf den Zeitpunkt des Rentenantrags oder der Zahlung kommt es nicht an[8]. Zu versteuern ist die Rente dagegen erst, wenn sie tatsächlich zugeflossen ist (§ 11 Abs. 1 EStG).

Beispiel 1:
Ein Arbeitnehmer hat im Juli 1990 das 63. Lebensjahr vollendet. Ab dem 1. 8. 1990 erhält er ein Altersruhegeld von 2.000 DM monatlich. Nach der Tabelle 1 (s. Abschn. 3, § 22 Nr. 1a EStG) beträgt der Ertragsanteil 26%. Da dem Rentner im Kalenderjahr 1990 noch fünf x 2.000 DM = 10.000 DM zugeflossen sind, beträgt der Ertragsanteil 2.600 DM.

Im folgenden Jahr belaufen sich die Rentenzahlungen auf 12 x 2.000 DM = 24.000 DM. Der steuerpflichtige Ertragsanteil von 26% ergibt davon 6.396 DM.

---

[8] BFH, Urteil v. 6. 4. 1976, VIII R 184/72, BStBl 1976 II S. 452.

Beispiel 2:
Eine Witwe, die zum Zeitpunkt des Todes ihres Mannes das 55. Lebensjahr vollendet hat, erhält eine Hinterbliebenenrente von 1.000 DM monatlich = 12.000 DM jährlich. Der Ertragsanteil der Rente beträgt 35% = 4.200 DM.

Wird die Rente schon vom **Beginn** des Monats ab gewährt, in dem der Rentenberechtigte das bestimmte Lebensjahr vollendet hat, bleibt es trotzdem bei diesem Lebensjahr; es braucht also kein früheres Lebensjahr angesetzt zu werden[9].

Gesetzliche Rentenversicherung

Die Mehrzahl der heutigen Renten stammt aus **der gesetzlichen Rentenversicherung**. Gesetzliche Rentenversicherungen bestehen für Arbeiter, Angestellte, Bergarbeiter (Knappen, Knappschaftsversicherung) und Landwirte (Altershilfe für Landwirte). Handwerker, die in der Handwerksrolle eingetragen sind, werden in der Rentenversicherung der Arbeiter für eine Mindestzeit zwangsweise versichert.

Es sind zu unterscheiden:

- das **Altersruhegeld** (Rente, die wegen Erreichens einer Altersgrenze gewährt wird),
- die **Hinterbliebenenrente** (Rente, die dem Hinterbliebenen eines Versicherten gewährt wird, z. B. die Witwenrente),
- die **Waisenrente** (Rente, die den Kindern des Versicherten bei dessen Tode unter gewissen Voraussetzungen zusteht und bis zu einem bestimmten Alter gewährt wird),
- die **Berufsunfähigkeitsrente** (Rente, die wegen Berufsunfähigkeit gewährt wird und in eine Erwerbsunfähigkeitsrente oder ein Altersruhegeld umgewandelt werden kann),
- die **Erwerbsunfähigkeitsrente** (Rente, die wegen Erwerbsunfähigkeit gewährt wird und i. d. R. in ein Altersruhegeld umgewandelt wird).

---
9 Abschn. 167 Abs. 5 EStR.

Hausgehilfin/Haushaltshilfe

Aufwendungen für die Beschäftigung einer Hausgehilfin oder Haushaltshilfe (= stundenweise tätig) können bis **1.200 DM** jährlich abgezogen werden (§ 33a Abs. 3 EStG). Allerdings muß

- der Steuerzahler oder sein nicht dauernd getrennt lebender Ehegatte das **60. Lebensjahr** vollendet haben oder
- dauernd körperlich hilflos oder schwer körperbehindert sein oder es muß die Beschäftigung einer Hausgehilfin oder Haushaltshilfe wegen Krankheit erforderlich sein. Die Vergünstigung wird ebenfalls gewährt, wenn diese Voraussetzungen bei dem nicht dauernd getrennt lebenden Ehegatten, bei einem zum Haushalt gehörenden Kind oder bei einer anderen zum Haushalt gehörenden unterhaltenen Person gegeben sind, für die eine Steuerermäßigung wegen Unterhalt gewährt wird.

Eine **schwere Körperbehinderung** liegt vor, wenn der Grad der Behinderung auf mindestens 45 festgestellt ist. Für jeden vollen Kalendermonat, in dem die Voraussetzungen nicht vorgelegen haben, ermäßigt sich der Betrag von 1.200 DM um je $\frac{1}{12}$ (sog. Zwölftelung).

Ab 1990 wird der Höchstbetrag für die Beschäftigung einer Hausgehilfin/Haushaltshilfe in bestimmten Fällen auf 1.800 DM jährlich erhöht. Danach beträgt der Höchstbetrag

- **1.200 DM** im Kalenderjahr, wenn
  a) der Steuerzahler oder sein nicht dauernd getrennt lebender Ehegatte das 60. Lebensjahr vollendet hat oder
  b) die Beschäftigung einer Hilfe im Haushalt erforderlich ist wegen Krankheit des Steuerzahlers oder seines nicht dauernd getrennt lebenden Ehegatten oder eines zu seinem Haushalt gehörenden Kindes (§ 32 Abs. 1 EStG) oder einer anderen zu seinem Haushalt gehörigen unterhaltenen Person, für die ein Unterhaltsfreibetrag nach § 33a Abs. 1 EStG gewährt wird.
- **1.800 DM** im Kalenderjahr, wenn eine dieser oben unter b) genannten Personen hilflos oder schwerbehindert ist.

Nach dem Gesetz zur Änderung des Steuerreformgesetzes (§ 10 Abs. 1 Nr. 7 EStG) können bis zu 12.000 DM jährlich für die Beschäftigung einer Hausgehilfin als Sonderausgaben abziehbar sein, falls in dem Haushalt eine **hilflose** Person oder zwei Kinder unter zehn Jahren oder bei Alleinerziehenden ein Kind unter zehn Jahren zu versorgen ist und das Beschäftigungsverhältnis der Hausgehilfin sozialversicherungspflichtig ist.

S. → „Altenpflegeheim/Pflegeheim“, → „Pflege-Pauschbetrag“.

Haushaltsfreibetrag

Ein Haushaltsfreibetrag in Höhe von 4.752 DM (ab 1990: 5.616 DM) wird alleinstehenden Elternteilen gewährt, wenn sie mindestens ein Kind haben, das ihnen zuzuordnen ist und für das sie einen Kinderfreibetrag erhalten (§ 32 Abs. 7 EStG).

Alleinstehende in diesem Sinn sind verwitwete, geschiedene, dauernd getrennt lebende oder unverheiratete Elternteile.

Herabsetzung der Rente

Wird die Höhe der Rente herabgesetzt, richtet sich die steuerrechtliche Beurteilung nach dem Zeitpunkt der Vereinbarung und deren vertraglicher bzw. gesetzlicher Wirkung.

Vereinbarung beim Rentenbeginn

Ist von vornherein eine spätere Herabsetzung vereinbart, so gilt folgendes: Zunächst ist der Ertragsanteil des **Grundbetrags** der Rente zu ermitteln, d. h. des Betrags, auf den die Rente später ermäßigt wird. Diesen Ertragsanteil muß der Berechtigte während der gesamten Laufzeit versteuern, da er den Grundbetrag bis zu seinem Tod erhält. Zusätzlich hat er bis zum Zeitpunkt der Herabsetzung den Ertragsanteil des über den Grundbetrag **hinausgehenden Rententeils** zu versteuern. Dieser Teil der Rente ist eine abgekürzte Leibrente, da sie längstens bis zum Zeitpunkt der Herabsetzung läuft; ihr Ertragsanteil ergibt sich aus Tabelle 2 (s. Abschn. 3, § 55 Abs. 2 EStDV)[9a].

Beispiel:
A erhält eine lebenslängliche Rente von 800 DM jährlich mit der Maßgabe, daß sie nach Ablauf von 8 Jahren auf 500 DM jährlich ermäßigt wird. Er ist zu Beginn des Rentenbezugs 50 Jahre alt. A muß versteuern

- während der gesamten Dauer des Rentenbezugs den Ertragsanteil des Grundbetrags. Der Ertragsanteil beträgt nach Tabelle 1 (s. Abschn. 3, § 22 Nr. 1a EStG) 41% von 500 DM = 205 DM,
- außerdem in den ersten 8 Jahren den Ertragsanteil des über den Grundbetrag hinausgehenden Rententeils von 300 DM. Dieser Teil

[9a] Abschn. 167 Abs. 9 EStR.

der Rente ist eine abgekürzte Leibrente mit einer beschränkten Laufzeit von 8 Jahren; der Ertragsanteil beträgt nach Tabelle 2 (s. Abschn. 3, § 55 Abs. 2 EStDV) 14% von 300 DM = 42 DM.

Der jährliche Ertragsanteil beträgt somit in den ersten 8 Jahren (205 DM + 42 DM) insgesamt 247 DM.

Vereinbarung während des Rentenbezugs mit sofortiger Wirkung

Wird die Herabsetzung während des Rentenbezugs vereinbart und sofort wirksam, bleibt der Prozentsatz des Ertragsanteils unverändert.

Vereinbarung während des Rentenbezugs mit späterer Wirkung

Wird die Herabsetzung während des Rentenbezugs mit der Maßgabe vereinbart, daß sie erst zu einem späteren Zeitpunkt wirksam wird, bleibt der Prozentsatz des Ertragsanteils bis zu dem Zeitpunkt der Vereinbarung unverändert. Von diesem Zeitpunkt an ist wie im ersten Beispiel zu verfahren. Dabei sind jedoch das zu Beginn des Rentenbezugs vollendete Lebensjahr des Rentenberechtigten und insoweit, als die Rente eine abgekürzte Leibrente (§ 55 Abs. 2 EStDV) ist, die beschränkte Laufzeit ab Beginn des Rentenbezugs zugrunde zu legen.

Beispiel:
A erhält ab 1. 1. 1982 eine lebenslängliche Rente von jährlich 9.000 DM. Am 1. 1. 1984 wird vereinbart, daß die Rente vom 1. 1. 1988 an auf jährlich 6.000 DM herabgesetzt wird. A ist zu Beginn des Rentenbezugs 50 Jahre alt. In den Jahren 1982 und 1983 beträgt der Ertragsanteil nach Tabelle 1 (s. Abschn. 3, § 22 Nr. 1a EStG) 41% von 9.000 DM = 3.690 DM. Ab 1. 1. 1984 hat A zu versteuern

- während der gesamten weiteren Laufzeit des Rentenbezugs den Ertragsanteil des Sockelbetrags der Rente von 6.000 DM. Der Ertragsanteil beträgt unter Zugrundelegung des Lebensalters zu Beginn des Rentenbezugs nach Tabelle 1 (§ 22 Nr. 1a EStG) 41% von 6.000 DM = 2.460 DM;
- außerdem bis zum 31. 12. 1987 den Ertragsanteil des über den Sockelbetrag hinausgehenden Rententeils von 3.000 DM. Dieser Teil der Rente ist eine abgekürzte Leibrente mit einer beschränkten Laufzeit von 6 Jahren; der Ertragsanteil beträgt nach Tabelle 2 (s. Abschn. 3, § 55 Abs. 2 EStDV) 10% von 3.000 DM = 300 DM.

Der jährliche Ertragsanteil beträgt in den Jahren 1984 bis 1987 (2.460 DM + 300 DM) insgesamt 2.760 DM.

Hinterbliebenen-Pauschbetrag

Personen, denen laufende Hinterbliebenenbezüge bewilligt worden sind, erhalten auf Antrag einen Pauschbetrag von 720 DM **(Hinterbliebenen-Pauschbetrag)**, wenn die Hinterbliebenenbezüge geleistet werden

- nach dem Bundesversorgungsgesetz oder einem anderen Gesetz, das die Vorschriften des Bundesversorgungsgesetzes über Hinterbliebenenbezüge für entsprechend anwendbar erklärt, oder
- nach den Vorschriften über die gesetzliche Unfallversicherung oder
- nach den beamtenrechtlichen Vorschriften an Hinterbliebene eines an den Folgen eines Dienstunfalls verstorbenen Beamten oder
- nach den Vorschriften des Bundesentschädigungsgesetzes über die Entschädigung für Schäden an Leben, Körper oder Gesundheit.

Der Pauschbetrag wird auch dann gewährt, wenn das Recht auf die Bezüge **ruht** oder der Anspruch auf die Bezüge durch Zahlung eines Kapitals **(Kapitalabfindung)** abgefunden worden ist.

Der Pauschbetrag für Hinterbliebene ist ein **Jahresbetrag**, d. h. er wird nicht gekürzt, wenn die Voraussetzungen nicht während des ganzen Kalenderjahrs bestanden haben. **Ehegatten** erhalten jeder den Hinterbliebenen-Pauschbetrag, wenn jeder derartige Hinterbliebenenbezüge erhält.

Erhält ein **Kind** einen Hinterbliebenen-Pauschbetrag und nimmt es diesen nicht in Anspruch, kann er auf den Elternteil übertragen werden, der den Kinderfreibetrag für das Kind erhält. Erhalten für das Kind mehrere Elternteile einen Kinderfreibetrag, gelten für die Übertragung Sonderregelungen (§§ 33b Abs. 5, 33a Abs. 2 EStG).

Kapitalabfindung

Kapitalabfindungen aufgrund der **gesetzlichen Rentenversicherungen** sind steuerfrei (§ 3 Nr. 3 EStG).

Wird eine Leibrente durch eine Kapitalabfindung abgelöst, unterliegt die Kapitalabfindung nicht der Einkommensteuer. Denn die Kapitalabfindung ist dem Grunde nach die Rückzahlung des für die Rentenzahlung noch nicht aufgebrauchten Kapitals. Es handelt sich nicht um einen Vorgang in der Einkommenssphäre, der zur Einkommensteuer führt, sondern in der privaten Vermögensebene, die grundsätzlich zur Einkommensteuer nicht herangezogen wird.

Bei der Leibrente ist bekanntlich nicht die Kapitalrückzahlung steuerpflichtig, sondern nur der in den laufenden Rentenbezügen enthaltene **Ertragsanteil**, der in einer Kapitalabfindung **nicht** enthalten ist. Soweit in § 3 Nr. 3 EStG ausdrücklich die Steuerfreiheit der Kapitalabfindungen von Renten aus der gesetzlichen Rentenversicherung geregelt ist, handelt es sich im Grunde genommen nur um eine Klarstellung.

Die Kapitalabfindung ist auch keine Entschädigung für die fortfallende Rente, die nach § 24 EStG (bestimmte Entschädigungen) steuerpflichtig wäre, sondern ein Kapitalzufluß, der nicht der Einkommensbesteuerung unterliegt[10].

Bei **betrieblichen Renten** sind die Kapitalabfindungen Vermögensrealisierungen, die grundsätzlich steuerpflichtig sind. Ist also die Rente eine Betriebseinnahme, ist auch die Ablösung der Rente durch einen Kapitalbetrag eine Betriebseinnahme.

Kinderzuschüsse

Die bei verschiedenen Renten aus den gesetzlichen Rentenversicherungen gezahlten Kinderzuschüsse für Bezugszeiten nach dem 30. 6. 1977 sind nach § 3 Nr. 1b EStG von der Einkommensteuer befreit. Früher bestand eine andere Regelung.

Dagegen ist der für die Bemessung der Waisenrente einzubeziehende Kinderzuschuß (§ 1269 Abs. 1 Satz 3 RVO) nur eine Berechnungsgrundlage und als solcher nicht steuerfrei.

Knappschaftsrenten

Arbeiter und Angestellte, die in **Bergbaubetrieben** tätig waren, erhalten Knappschaftsrenten. Dies gilt auch für die dort über Tage tätig gewesenen Arbeitnehmer. Rechtsgrundlage ist das Reichsknappschaftsgesetz (RKG).

Das **Knappschaftsruhegeld** entspricht dem Altersruhegeld der anderen gesetzlichen Renten. Es handelt sich um eine **Leibrente**, deren Ertragsanteil sich aus § 22 Nr. 1a EStG ergibt (Tabelle 1 s. Abschn. 3).

---

10 BFH, Urteil v. 23. 4. 1958, VI 176/57 U, BStBl 1958 III S. 277.

Weiter werden Knappschaftsrenten wegen **Berufs- oder Erwerbsunfähigkeit** gezahlt, die später in Knappschaftsruhegeld umgewandelt werden. Es handelt sich um abgekürzte Leibrenten, deren Ertragsanteil nach § 55 Abs. 2 EStDV zu berechnen ist (Tabelle 2 s. Abschn. 3).

In der Knappschaftsversicherung werden aber noch **besondere Renten** gezahlt, die in den gegebenen Verhältnissen des Bergbaus begründet sind. Diese sind abgekürzte Leibrenten, deren Ertragsanteil sich nach § 55 Abs. 2 EStDV (Tabelle 2 s. Abschn. 3) ermittelt.

Körperbehinderte

Rentner und Pensionäre sind zuweilen körperbehindert. Wenn ihre Bezüge so hoch sind, daß sie einkommensteuerpflichtig werden, sollten sie sich um die Anerkennung als Körperbehinderter bemühen.

Körperbehinderte erhalten wegen der Belastungen durch die Behinderung auf Antrag einen **Pauschbetrag** abgezogen. Dieser wird vom Finanzamt errechnet und beträgt bei einem **Grad der Behinderung**

von %	DM	von %	DM
25–34	600	65– 74	1.740
35–44	840	75– 84	2.070
45–54	1.110	85– 90	2.400
55–64	1.410	91–100 (Erwerbsunfähigkeit)	2.760

Bei einem Grad der Behinderung zwischen 25% und 49% ist **zusätzlich** Voraussetzung, daß dem Körperbehinderten wegen seiner Behinderung nach gesetzlichen Vorschriften **Renten oder andere laufende Bezüge zustehen** (ob er sie tatsächlich erhält, ist unerheblich, z. B. nach Abfindung durch eine Kapitalzahlung) **oder** die Körperbehinderung zu einer **äußerlich erkennbaren dauernden Einbuße** der körperlichen Beweglichkeit geführt hat **oder** auf einer **typischen Berufskrankheit** beruht.

Für **Blinde** und für Körperbehinderte, die infolge der Körperbehinderung ständig so hilflos sind, daß sie nicht ohne fremde Wartung und Pflege leben können, wird ein Pauschbetrag von **7.200 DM** gewährt.

Durch die Pauschbeträge werden die außergewöhnlichen Belastungen abgegolten, die dem Körperbehinderten laufend und unmittelbar infolge der Körperbehinderung als **typische** Mehraufwendungen erwachsen. **Außerordentliche** Krankheitskosten, durch einen akuten Anlaß verursacht, können **neben** den Pauschbeträgen berücksichtigt werden. Dies gilt auch für eine **Heilkur**, wenn deren Zwangsläufigkeit durch ein vor Antritt der Kur ausgestelltes amtsärztliches Zeugnis nachgewiesen wird.

Die Aufwendungen Körperbehinderter können auch **einzeln nachgewiesen** werden. Das ist zu empfehlen, wenn die Aufwendungen nach Abzug der zumutbaren Belastung höher als die Pauschbeträge sind. **Zusätzlich zu den Pauschbeträgen** können noch **Kraftfahrzeugkosten** abgezogen werden.

Die Pauschbeträge werden nicht gekürzt, wenn die Voraussetzungen nicht während des ganzen Jahrs vorgelegen haben. Es gilt der höchste Grad der Körperbehinderung im Laufe des Jahrs.

S. → „Kraftfahrzeugkosten", → „Kurkosten".

Kraftfahrzeugkosten

Körperbehinderte mit einem Grad der Behinderung von **mindestens 80** können Kraftfahrzeugkosten für **Privatfahrten** in angemessenem Rahmen neben dem Pauschbetrag für Körperbehinderte als außergewöhnliche Belastung absetzen. Gleiches gilt für Körperbehinderte mit einem Grad der Behinderung von weniger als 80, aber **mindestens von 70**, wenn zusätzlich eine erhebliche Beeinträchtigung der Bewegungsfähigkeit im Straßenverkehr (Geh- und Stehbehinderung) vorliegt. Als Nachweis gilt das Merkzeichen „G" im Schwerbehindertenausweis.

I. a. ist ein nachgewiesener oder glaubhaft gemachter Aufwand für Privatfahrten von insgesamt **3.000 km jährlich** anzuerkennen. Dies ergibt bei einem Kilometersatz von 0,42 DM, den das Finanzamt pauschal anerkennt, einen berücksichtigungsfähigen Aufwand in Höhe von jährlich 1.260 DM. Statt des Pauschsatzes von 0,42 DM werden auch höhere Kraftfahrzeugkosten berücksichtigt, die dann allerdings nachgewiesen werden müssen.

Höhere Fahrleistungen werden nur anerkannt, wenn nachgewiesen wird, daß die Fahrten durch die Behinderung verursacht sind. Hat ein Behinderter kein eigenes Kraftfahrzeug, können auch nachgewiesene Taxikosten geltend gemacht werden.

Gehbehinderte, die sich außerhalb des Hauses **nur** mit Hilfe eines Kraftfahrzeugs bewegen können (Merkzeichen „aG" im Schwerbehindertenausweis), erhalten alle Privatfahrten anerkannt.

S. → „Körperbehinderte".

Kraftfahrzeugsteuer

Für Rentner und Pensionäre gibt es keine Ermäßigung der Kraftfahrzeugsteuer. Sind sie aber zugleich Schwerbehinderte, können sie auf Antrag eine Befreiung von der Kraftfahrzeugsteuer oder eine Ermäßigung der Kraftfahrzeugsteuer erhalten.

Der Inhaber des Fahrzeugs braucht dann **keine Kraftfahrzeugsteuer** zu bezahlen, wenn er einen Schwerbehindertenausweis mit dem Merkzeichen „H" (hilflos), „Bl" (blind) oder „aG" (außergewöhnlich gehbehindert) hat.

Er braucht nur die **halbe Kraftfahrzeugsteuer** zu bezahlen, wenn er einen Schwerbehindertenausweis mit dem Merkzeichen „G" (gehbehindert) oder als Gehörloser auf dem Ausweis einen halbseitigen orangefarbenen Flächeneindruck hat; außerdem muß aber der Inhaber auf das Recht zur unentgeltlichen Beförderung im öffentlichen Personenverkehr verzichtet haben.

Krankheitskosten

Krankheitskosten sind die häufigsten außergewöhnlichen Belastungen allgemeiner Art (§ 33 EStG). Sie können in Höhe der **nicht ersetzten Aufwendungen** geltend gemacht werden. D. h. Ersatzleistungen (Zahlungen der Krankenkasse, Beihilfen, Unterstützungen) sind abzuziehen. Dies gilt auch, wenn sie erst nach Ablauf des Jahrs eingehen werden.

Absetzbar sind die unmittelbar angefallenen Krankheitskosten. **Vorbeugende** Maßnahmen fallen nicht unter Krankheitskosten.

Anerkannt werden besonders: Kosten für ärztliche Behandlung, für Heilpraktiker, Operationskosten, für Medikamente und für Hilfsmittel (Brillen, Prothesen, Hörapparate, Zahnersatz).

Stärkungsmittel müssen zwangsläufig, notwendig und ausdrücklich verordnet sein. Bei jahrelangen Krankheiten ist eine erneute ärztliche Bescheinigung meist nicht mehr erforderlich. **Frischzellenbehandlungen** müssen vorher vom Amtsarzt attestiert werden. **Diätkosten** werden nicht anerkannt.

Kosten durch Unterbringung in einem **Pflegeheim** sind auch bei älteren Menschen Krankheitskosten.

Krankentagegeld wird für Verdienstausfall und dergleichen gezahlt und braucht nicht abgezogen zu werden. Krankenhaustagegeld muß jedoch von den Krankenhauskosten abgesetzt werden.

Als außergewöhnliche Belastung wird nur der Betrag berücksichtigt, der über der **zumutbaren Belastung** liegt.

S. → „Altenpflegeheim/Pflegeheim", → „Außergewöhnliche Belastungen", → „Kurkosten".

Krankenversicherungszuschüsse

Die Rentenversicherungsträger zahlen an die Rentner einen Zuschuß zu ihren **Krankenkassenbeiträgen** zur gesetzlichen Krankenversicherung. Dies gilt auch, wenn sie dort freiwillig versichert sind. Auch für private **Krankenversicherungen** wird ein Zuschuß gewährt.

Diese Krankenversicherungszuschüsse sind steuerfrei (§ 3 Nr. 14 EStG). Der Zuschuß bleibt daher bei der Ermittlung des steuerpflichtigen Ertragsanteils der Rente außer Ansatz.

Die Steuerfreiheit des Zuschusses hat jedoch zur Folge, daß nur der um den Zuschuß gekürzte Krankenversicherungsbeitrag des Rentners als Sonderausgabe geltend gemacht werden kann (§ 10 Abs. 2 Nr. 2 EStG). Denn wenn der Rentner durch den Zuschuß steuerlich nicht belastet wird, braucht er auch nicht durch den Sonderausgabenabzug entlastet zu werden.

Kurkosten

Aufwendungen für Kuren (Badekur, sonstige Kur) können wie Krankheitskosten als **außergewöhnliche Belastung** geltend gemacht werden.

Die **Notwendigkeit** der Kur ist **nachzuweisen**. Dies kann erfolgen durch

- eine Bescheinigung des Amtsarztes, daß die Kur der Heilung oder Linderung einer festgestellten Krankheit dient und eine andere Behandlungsweise nicht oder kaum erfolgversprechend erscheint[11],
- eine Bescheinigung der Versicherungsanstalt bei Pflichtversicherten,
- bei öffentlich Bediensteten durch eine Bescheinigung der Behörde, daß die Notwendigkeit der Kur im Rahmen der Bewilligung von Zuschüssen oder Beihilfen geprüft und anerkannt ist,

---

[11] BFH, Urteil v. 14. 2. 1980, VI R 218/77, BStBl 1980 II S. 295.

- durch den Nachweis von Zuschüssen der Krankenkasse, wobei aber die Notwendigkeit der Kur nur anerkannt wird, wenn die Zuschüsse nicht nur zu den Kurmitteln, sondern auch zu den Kosten der Unterkunft und Verpflegung gezahlt werden,
- andere Unterlagen bei Schwerbeschädigten oder Genesenden nach einer schweren Operation oder Krankheit[12].

Der Nachweis der Notwendigkeit ist regelmäßig bereits **vor Antritt** der Kur zu beschaffen.

Absetzbare Kosten sind:

- Arzt und Kurmittelkosten (Bäder, Packungen, Massagen, Kurtaxe). Arzt- und Krankheitskosten werden auch anerkannt, wenn die Notwendigkeit der Kur nicht nachgewiesen wurde,
- Unterbringungskosten in nachgewiesener Höhe,
- Verpflegungskosten in nachgewiesener Höhe, aber unter Abzug einer Haushaltsersparnis von ⅕ der Aufwendungen, höchstens jedoch 6 DM täglich,
- Fahrtkosten für Hin- und Rückfahrt zum Kurort. Anerkannt werden die Kosten für ein öffentliches Verkehrsmittel, Pkw-Kosten dagegen nur, wenn sie wegen besonderer persönlicher Verhältnisse notwendig waren (z. B. entsprechende Körperbehinderung),
- Kosten einer Begleitperson bei alten und/oder hilflosen Personen.
- Nicht anerkannt werden die Kosten für Besuchsfahrten von Angehörigen.

Für eine **Klimakur**, also wenn durch den Klimawechsel eine Krankheit behoben werden soll, reicht die einfache Bescheinigung des Amtsarztes nicht aus. Die Klimakur muß vielmehr wegen der Schwere des Leidens medizinisch notwendig sein (z. B. Schuppenflechte, Neurodermitis). Der Amtsarzt muß dies ausdrücklich bestätigen und den medizinisch angezeigten Kurort benennen. Der Erholungszweck der Reise muß deutlich in den Hintergrund treten.

Bei **Frischzellentherapie** wird ebenfalls ein vor Beginn der Behandlung erstelltes amtsärztliches Attest verlangt.

Bei Kuren **im Ausland** werden die Kosten i. d. R. nur bis zur Höhe der Aufwendungen anerkannt, die in einem dem Heilzweck entsprechenden

---

12 OFD Stuttgart, Verfügung v. 7. 5. 1975, S 2357 A – 15 – St 32, StEK EStG § 33 Nr. 48.

inländischen Kurort entstanden wären. Dies gilt nicht, wenn ein Amtsarzt ausdrücklich die Kur im Ausland als notwendig bestätigt hat.

Ärztlich verordnete **Nachkuren** in einem typischen Erholungsort werden i. a. nicht anerkannt, d. h., es werden nur die verschriebenen Kurmittelkosten und die Arztkosten zum Abzug zugelassen.

S. → „Krankheitskosten".

Leibrente

Soll eine Rente nur mit dem niedrigen Ertragsanteil besteuert werden, muß es sich nach § 22 Nr. 1a EStG um eine **Leibrente** handeln.

Unter einer Leibrente sind wiederkehrende Bezüge zu verstehen, deren Dauer von der **Lebenszeit** eines Menschen abhängt und die aus fortlaufenden, gleichmäßigen, zahlen- oder wertmäßig festgelegten Leistungen in Geld oder vertretbaren Sachen bestehen[13].

Eine Leibrente muß weiter aus einem einheitlichen Rentenstammrecht fließen, wobei die einzelnen Rentenzahlungen Früchte dieses Rentenstammrechts sind.

Die Leibrente unterscheidet sich wesentlich von anderen, voll zu versteuernden Renten dadurch, daß sie regelmäßig einen ausdrücklichen Verzicht auf die **Abänderbarkeit** der Leistungen enthält. Sie steht damit im Gegensatz zu den Unterhaltszahlungen, welche sich naturgemäß nach den schwankenden Bedürfnissen des Empfängers und der auch häufig schwankenden Leistungsfähigkeit des Zahlenden richten müssen.

Einkommensteuerpflichtig ist nur der **Zinsanteil.** Aus Vereinfachungsgründen wird dieser aber nicht nach den erzielten oder erzielbaren Zinsen aus dem angelegten Rentenvermögen berechnet, sondern nach zu diesem Zweck aufgestellten **besonderen Tabellen** ermittelt (s. Tabelle 1, Abschn. 3, Tabelle 2, Abschn. 3).

Aus Vereinfachungsgründen bleibt dieser Ertragsanteil für die Dauer der Rentenzahlung gleich hoch, während wirtschaftlich der Zinsanteil der Rente im Laufe der Jahre immer geringer werden müßte, weil das Rentenvermögen durch die Zahlung kleiner wird. Der Rückzahlungsanteil dagegen müßte entsprechend größer werden, wenn gleichbleibende Rentenraten vorausgesetzt sind.

---

[13] § 759 BGB; BFH, Urteil v. 18. 3. 1980, VIII R 69/78, BStBl 1980 II S. 501.

Es ist möglich, die Leibrente von der **Lebenszeit einer anderen Person** als der des Empfängers abhängig zu macher. Dann bemißt sich der Ertragsanteil der Rente unter Berücksichtigung des bei Beginn der Rente vollendeten Lebensjahrs dieser anderen Person (§ 55 Abs. 1 Nr. 2 EStDV).

Ist die andere Person **jünger** als der Rentenempfänger, ergibt dies einen höheren Ertragsanteil, was zu einem ungerechtfertigt erscheinenden Ergebnis führt. Unter entsprechender Anwendung des § 55 Abs. 1 Nr. 3 EStDV ist deshalb das Lebensalter der älteren Person zugrunde zu legen, wenn die Rente mit dem Ableben der zuerst sterbenden Person erlischt.

Stirbt der Rentenberechtigte zuerst, erhält der Erbe die Leibrente weiter, weil diese ja von dem Tod einer anderen Person abhängt. Jedoch ist nach dem Erbfall für den Ertragsanteil das Lebensalter des Erben und nicht des Erblassers zu beachten.

Steht die Rente nur **einer Person** zu (z. B. Ehemann) und erhält eine andere Person (z. B. Ehefrau) diese Rente, wenn sie die erste Person überlebt, liegen zwei Renten vor, von denen die letztere aufschiebend bedingt ist. Typisches Beispiel hierfür ist die Hinterbliebenenrente aus der gesetzlichen Rentenversicherung. Die zweite Rente wird steuerrechtlich selbständig behandelt. Ihr Ertragsanteil ist erst von dem Zeitpunkt an zu versteuern, in dem die Bedingung eintritt, also z. B. ab dem Tode des Ehemanns[14].

Liegt eine Leibrente vor, deren Dauer von der Lebenszeit **mehrerer Personen** abhängt, gilt bei lebenslänglichen Leibrenten die besondere Regelung des § 55 Abs. 1 Nr. 3 EStDV. In Grundzügen gilt:

- Erlischt die Rente mit dem Tode der **ältesten** Person, ist für die Ermittlung des Ertragsanteils deren Lebensalter maßgeblich.
- Erlischt die Rente mit dem Tode der **jüngsten** Person, so ist deren Lebensalter für die Ermittlung des Ertragsanteils maßgeblich.

S. → „Abgekürzte Leibrenten“.

Steht die Rente **mehreren** Personen (z. B. Ehegatten) **gemeinsam** mit der Maßgabe zu, daß sie beim Ableben des zuerst Sterbenden herabgesetzt wird, ist bei der Ermittlung des **Grundbetrags** der Rente, d. h. des Betrags, auf den sie später ermäßigt wird, das Lebensjahr der jüngsten Person zugrunde zu legen. Für den Ertragsanteil des über den Grundbetrag hinausgehenden Rententeils ist das Lebensjahr der ältesten Person maßgebend. Solange beide Berechtigte leben, sind die Ertragsanteile zusam-

---

14 Abschn. 167 Abs. 11 EStR.

menzurechnen; danach gilt nur der auf den Grundbetrag der Rente entfallende Ertragsanteil[15].

Beispiel:
Ein Ehepaar erhält gemeinsam eine lebenslängliche Rente von 24.000 DM jährlich mit der Maßgabe, daß sie beim Ableben des zuerst Sterbenden auf 15.000 DM jährlich absinkt. Der Ehemann ist zu Beginn des Rentenbezugs 55, die Ehefrau 50 Jahre alt.

Es sind zu versteuern:

- Bis zum Tod des zuletzt Sterbenden der Ertragsanteil des Sockelbetrags von 15.000 DM. Zugrunde zu legen ist nach § 55 Abs. 1 Nr. 3 EStDV das Lebensalter der jüngsten Person, hier der Ehefrau. Der Ertragsanteil beträgt gemäß Tabelle 1 (s. Abschn. 3, § 22 Nr. 1a EStG) 41% von 15.000 DM = 6.150 DM.
- Außerdem ist bis zum Tod des zuerst Sterbenden der Ertragsanteil des über den Sockelbetrag hinausgehenden Rententeils von 9.000 DM zu versteuern. Dabei ist nach § 55 Abs. 1 Nr. 3 EStDV das Lebensalter der ältesten Person, hier des Ehemanns, zugrunde zu legen. Der Ertragsanteil beträgt gemäß Tabelle 1 (s. Abschn. 3, § 22 Nr. 1a EStG) 35% von 9.000 DM = 3.150 DM.

Der jährliche Ertragsanteil beträgt somit bis zum Tod des zuerst Sterbenden (6.150 DM + 3.150 DM =) 9.300 DM.

S. → „Ertragsanteil“.

Lohnsteuerermäßigung

Für bestimmte Steuervergünstigungen können Pensionäre wie Arbeitnehmer beim Finanzamt einen **Freibetrag auf der Lohnsteuerkarte** eintragen lassen. Das hat zur Folge, daß sich die Lohnsteuer bereits während des laufenden Jahrs ermäßigt. Es können eingetragen werden:

- Der **Altersfreibetrag** (nur noch bis 1989),
- der Pauschbetrag für **Körperbehinderte**,
- der Pauschbetrag für **Hinterbliebene**,

[15] Abschn. 167 Abs. 10 EStR.

- **Werbungskosten** aus nichtselbständiger Arbeit, soweit sie den Werbungskosten-Pauschbetrag von 564 DM (ab 1990: 2.000 DM) übersteigen,
- **Sonderausgaben** mit Ausnahme der Vorsorgeaufwendungen (Versicherungs- und Bausparkassenbeiträge), soweit sie den Sonderausgaben-Pauschbetrag von 270 DM/540 DM (ab 1990: 108/216 DM) übersteigen,
- der Betrag, der wegen **außergewöhnlicher Belastungen** zu gewähren ist,
- die Beträge, die für selbstgenutztes **Wohneigentum** nach den §§ 10e, 52 Abs. 21 EStG und § 15b BerlinFG abgezogen werden können,
- der Verlust aus Vermietung und Verpachtung wegen erhöhter Absetzungen nach § 7b EStG oder §§ 14a und 15 BerlinFG,
- der Freibetrag (je 2.400 DM), der wegen des sog. **Baukindergelds** zu gewähren ist (§ 34f EStG; dieses beträgt 600 DM und ist von der Steuer abzuziehen, was durch den genannten Abzugsbetrag in etwa erreicht wird).

Der Antrag muß spätestens bis 30. November des laufenden Kalenderjahrs gestellt werden; üblich und günstig ist es, ihn schon im November des Vorjahrs nach Erhalt der Lohnsteuerkarte zu stellen.

Bei Werbungskosten, den zulässigen Sonderausgaben und außergewöhnlichen Belastungen wird ein Freibetrag nur eingetragen, wenn die Aufwendungen **1.800 DM** übersteigen. Diese Grenze gilt auch für Ehegatten, wird also nicht verdoppelt. Wird sie nicht überschritten, können die Steuervergünstigungen erst beim Lohnsteuer-Jahresausgleich oder bei der Einkommensteuer-Veranlagung geltend gemacht werden. Bei anderen Freibeträgen usw. gilt die 1.800 DM-Grenze jedoch nicht.

Der Altersfreibetrag und die Pauschbeträge für Körperbehinderte und Hinterbliebene werden regelmäßig bereits von der **Gemeinde** bei der Ausstellung der Lohnsteuerkarte eingetragen. Ist dies unterblieben, kann die Eintragung beim Finanzamt beantragt werden.

Ab 1990 kann auch noch der neue **Pflege-Pauschbetrag** (§ 33b Abs. 6 EStG) eingetragen werden. Die Antragsgrenze wird auf **1.200 DM** herabgesetzt. Sie wird aber nur auf Beträge angewendet, die über den neuen Arbeitnehmer-Pauschbetrag von 2.000 DM hinausgehen. Wenn man nur Werbungskosten eintragen lassen will, muß man also mehr als 2.000 + 1.200 = 3.200 DM Aufwendungen haben.

S. → „Altersfreibetrag“, → „Körperbehinderte“, → „Sonderausgaben“, → „Außergewöhnliche Belastungen“.

Lohnsteuer-Jahresausgleich

Ist keine Einkommensteuerveranlagung durchzuführen, kann der Rentner, der noch nebenher als Arbeitnehmer tätig ist, oder der Pensionär nach Ablauf des Kalenderjahrs die zuviel gezahlte Lohnsteuer vom Finanzamt zurückerhalten. Hierzu muß er beim zuständigen Finanzamt einen **Antrag auf Lohnsteuer-Jahresausgleich** stellen. Der Antrag muß spätestens bis zum Ablauf des zweiten auf das Ausgleichsjahr folgenden Jahrs abgegeben werden.

Ein Antrag auf Lohnsteuer-Jahresausgleich **lohnt sich** besonders:

- Wenn im Laufe des Jahrs nicht ununterbrochen ein Dienstverhältnis bestanden oder die Höhe des Arbeitslohns geschwankt hat,
- wenn sich die Steuerklasse oder die Kinderzahl im Laufe des Jahrs zugunsten des Steuerzahlers geändert hat,
- wenn Werbungskosten, Sonderausgaben und außergewöhnliche Belastungen entstanden sind oder ein Anspruch auf Steuervergünstigung besteht, aber noch nicht durch einen Freibetrag auf der Lohnsteuerkarte berücksichtigt worden ist.

Nachträglicher Arbeitslohn

Zahlungen des Arbeitgebers an einen früheren Arbeitnehmer (z. B. nachträgliches Gehalt) sind Arbeitslohn und werden steuerlich wie dieser behandelt (§ 24 EStG). Für solche Zahlungen muß der Empfänger also dem Arbeitgeber eine **Lohnsteuerkarte** vorlegen.

Renten und damit Einkünfte im Sinn von § 22 Nr. 1 EStG liegen nur vor, wenn

- es sich um Renten aus besonderen Versorgungseinrichtungen des Arbeitgebers handelt, oder
- die Bezüge teilweise auf früheren Beitragsleistungen des Arbeitnehmers beruhen.

Nebenverdienst

Nicht alle Nebeneinkünfte sind steuerpflichtig. Man unterscheidet Nebeneinkünfte im Rahmen eines (weiteren) Arbeitsverhältnisses, im Rahmen von selbständiger Tätigkeit, und ehrenamtliche Tätigkeit.

a) Weiteres Arbeitsverhältnis

Wer ein zweites Arbeitsverhältnis ausübt (z. B. ein Pensionär ist noch als Arbeitnehmer tätig), benötigt eine weitere Lohnsteuerkarte (Steuerklasse VI), es sei denn, der Arbeitslohn wird vom Arbeitgeber pauschal besteuert.

Wird **pauschal** besteuert, braucht man keine Lohnsteuerkarte. Der Arbeitgeber hat dann 10% Lohnsteuer an das Finanzamt abzuführen (Erhöhung ab 1990) und zu übernehmen. Diese Aushilfslöhne bleiben bei der Steuerberechnung des Rentners oder Pensionärs außer Betracht und brauchen in der Einkommensteuererklärung nicht angegeben zu werden.

Die Pauschalierung ist bei laufender Beschäftigung in geringem Umfang und gegen geringen Arbeitslohn (sog. **geringfügige Beschäftigung**) möglich, wenn die Beschäftigungsdauer maximal **20 Stunden/Woche**, der Arbeitslohn nicht mehr als **120 DM/Woche** und der Stundenlohn maximal **12 DM** betragen.

Ab 1990 gilt insoweit:

- Bei **monatlicher** Lohnzahlung dürfen die Beschäftigungsdauer nicht 86 Stunden und der Arbeitslohn nicht 520 DM übersteigen.
- Bei **kürzeren** Lohnzahlungszeiträumen dürfen die Beschäftigungsdauer 20 Stunden und der Arbeitslohn 120 DM/Woche nicht übersteigen.
- Je Arbeitsstunde darf durchschnittlich nicht mehr als **18 DM** gezahlt werden.

b) Selbständige Tätigkeit

Ein Nebenverdienst kann auch in einem Gewerbebetrieb (Handwerks- oder Handelsbetrieb, Vermittlungsgeschäfte) oder in einer selbständigen Tätigkeit (z. B. schriftstellerische, wissenschaftliche, unterrichtende, künstlerische Tätigkeit) erzielt werden.

Beträgt der Gewinn mehr als 36.000 DM, ist die Einordnung von Bedeutung. Denn der Inhaber eines Gewerbebetriebs muß zusätzlich noch **Gewerbesteuer** bezahlen.

c) Steuerfreier Nebenverdienst

Die nebenberuflichen Einkünfte als **Übungsleiter,** Ausbilder oder Erzieher sind bis zu **2.400 DM** jährlich steuerfrei.

Begünstigte Tätigkeiten sind z. B.:
Altenbetreuer, Leiter einer Arbeitsgemeinschaft, Chorleiter, Dirigent, Erste-

Hilfe-Ausbilder, Jugendgruppenleiter, Jugendwart, Kinder- und Krankenbetreuer, Lehrtätigkeit, Mannschaftsbetreuer, Mentortätigkeit, Mütterberatung, Pferdetrainer, Prüfungsausschußtätigkeit für Übungsleiter, Ausbilder, Schwimmlehrer, Sportwart, Trainer, Vortragstätigkeit.

Nicht begünstigt ist die Tätigkeit als: Beitragskassierer, Gerätewart, Hausmeister, Platzwart, Putzfrau, Vorstandsmitglied, Zeitschriftenverteiler.

Die Tätigkeit muß für folgende **Institutionen** erfolgen: U. a. für Industrie- und Handelskammer, Innung, Ärzte-, Rechtsanwalts-, Notar- oder Steuerberaterkammer, Sparkassen- oder Giroverbände, evangelische oder katholische Kirche, Universität, Bund, Länder, Gemeinden, Landkreise, Volkshochschule, Gemeinnützige Vereine.

Nicht begünstigt ist die Tätigkeit für:
Gewerkschaften, Arbeitgeberverbände, Hausbesitzervereine, Lohnsteuervereine, politische Vereine und Parteien.

Beispiel:
Ein Rentner ist Jugendtrainer beim örtlichen Sportverein und erhält dafür pro Jahr 3.000 DM. Hiervon bleiben 2.400 DM steuerfrei. Die mit der Tätigkeit zusammenhängenden Aufwendungen (Werbungskosten) sind nur absetzbar, wenn sie mehr als 2.400 DM betragen.

Wer eine Nebentätigkeit hat, muß sich auch um die **Umsatzsteuer** kümmern. Niedrige Umsätze bleiben aber i. d. R. steuerfrei.

d) Ehrenamtliche Tätigkeiten:

Wer unentgeltlich tätig wird, kann die damit zusammenhängenden Aufwendungen nicht absetzen. Erhaltene Aufwandsentschädigungen sind meist steuerfrei (z. B. Aufwandsentschädigung aus öffentlichen Kassen für öffentliche Dienste, § 3 Nr. 12 EStG).

Pflege-Pauschbetrag

Ab 1990 wird durch das Steuerreformgesetz ein neuer Pflege-Pauschbetrag eingeführt (§ 33b Abs. 6 EStG).

Wer außergewöhnliche Belastungen für die Pflege einer Person hat, die nicht nur vorübergehend so **hilflos** ist, daß sie für die gewöhnlichen und regelmäßig wiederkehrenden Verrichtungen im Ablauf des täglichen Lebens in erheblichem Umfang fremder Hilfe dauernd bedarf, kann anstelle einer sonst möglichen Steuerermäßigung nach § 33 EStG wegen außergewöhnlicher Belastungen einen Pauschbetrag von **1.800 DM** jährlich geltend machen.

Voraussetzung ist, daß der Steuerzahler die Pflege im Inland entweder in seiner Wohnung oder in der Wohnung des Behinderten **persönlich** durchführt.

Wird ein Behinderter von **mehreren** Steuerzahlern im Jahr gepflegt, wird der Pauschbetrag nach der Zahl der Pflegepersonen geteilt, bei denen die Voraussetzungen für den Pflege-Pauschbetrag vorliegen.

Schadensersatzrenten

Schadensersatzrenten, die aufgrund von **§ 844 Abs. 2 BGB** für den Verlust von Unterhaltsansprüchen gewährt werden, sind keine Renten, sondern als wiederkehrende Bezüge im Sinn von § 22 Nr. 1 S. 1 EStG **in vollem Umfang** steuerpflichtig[16]. Diese Renten sind keine Leibrenten, weil sie in ihrer Höhe und Dauer von der Unterhaltsbedürftigkeit des Empfängers abhängen. Ggf. gehört es zu den Aufgaben des Schadensersatzverpflichteten, den Geschädigten von der aus der Zahlung entstehenden Steuerschuld freizustellen.

Beispiel:
Der Vater verunglückt bei einem Verkehrsunfall tödlich. Der Unfallverursacher hat dem minderjährigen Sohn eine Rente zu zahlen. Kommt es dadurch zu Steuerzahlungen des Sohnes, so ist die Rente entsprechend zu erhöhen.

Sonderausgaben

Als Sonderausgaben können nur die in den **§§ 10 und 10b EStG** aufgezählten Aufwendungen abgezogen werden. Bei Ehegatten, die zusammenveranlagt werden, ist es unerheblich, welcher Ehegatte die Ausgaben geleistet hat.

---

16 BFH, Urteil v. 19. 10. 1978, VIII R 9/77, BStBl 1979 II S. 133.

Man muß bei den Sonderausgaben die nur begrenzt abziehbaren **Vorsorgeaufwendungen** (Versicherungsbeiträge und Bausparkassenbeiträge) und die unbegrenzt abziehbaren **übrigen Sonderausgaben** unterscheiden.

Zu den begünstigten **Versicherungsbeiträgen** gehören:

- Arbeitnehmer-Beiträge zur gesetzlichen Renten-, Arbeitslosen- und Krankenversicherung; Aufwendungen zur befreienden Lebensversicherung und gleichgestellte Aufwendungen (aber ohne die steuerfreien Zuschüsse des Arbeitgebers),
- Beiträge zur freiwilligen Angestellten-, Arbeiterrenten- und Höherversicherung (auch hier abzüglich steuerfreier Arbeitgeberzuschüsse),
- Beiträge zur freiwilligen Krankenversicherung einschließlich der Krankenhaustagegeld- und Krankentagegeld-Versicherung, abzüglich von Beitragsrückerstattungen, aber ohne Abzug von Erstattungsleistungen,
- Beiträge zur Rentnerkrankenversicherung abzüglich des steuerfreien Zuschusses des Rentenversicherungsträgers,
- Beiträge zu privaten Unfall- und Haftpflichtversicherungen (insb. zu Kraftfahrzeug-Haftpflichtversicherungen),
- Beiträge zu bestimmten Versicherungen auf den Erlebens- oder Todesfall (Lebensversicherungen). Sind die Beiträge vermögenswirksame Leistungen, für die eine Arbeitnehmer-Sparzulage gewährt wird, sind sie insoweit nicht abziehbar,
- Bausparbeiträge sind ebenfalls nur abziehbar, soweit sie keine vermögenswirksamen Leistungen sind, für die eine Arbeitnehmer-Sparzulage gewährt wird. Der Bausparer kann zwischen der Wohnungsbauprämie und dem Sonderausgabenabzug wählen. Ab 1990 sind Bausparbeiträge nur noch zu 50% als Sonderausgaben abziehbar. Im übrigen sind weitere Voraussetzungen zu beachten, z. B. für den Bezug einer Wohnungsbauprämie das Nichtüberschreiten der Einkommensgrenze.

Der Abzug von Vorsorgeaufwendungen (Versicherungsbeiträge und Bausparbeiträge) ist durch **Höchstbeträge** begrenzt. Deren Berechnung erfolgt, vereinfacht dargestellt, ab 1990 folgendermaßen:

a) Zunächst können **Versicherungsbeiträge** vorweg abgezogen werden. Dieser sog. **Vorwegabzug** ist auf 4.000 DM/Ehegatten 8.000 DM beschränkt. Der Vorwegabzug ist aber in der Regel um 12% des Jahresarbeitslohns (ggf. der Abgeordnetenbezüge bzw. des Gewinns aus der Tätigkeit mit einer Alters-/Krankenversorgung, einschließlich steuerfreier Lohnersatzleistungen) zu kürzen (9% für die Altersversorgung, 3% für die Krankenversorgung). Für renten- und krankenversicherungspflichtige Arbeitnehmer ist der Vorwegabzug bei Jahresarbeitslöhnen ab 33.333 DM/Alleinstehende und 66.667 DM/Ehegatten erschöpft, d. h. gleich 0 DM.

b) Danach werden die nach dem Vorwegabzug übrigen Versicherungsbeiträge mit der Hälfte der **Bausparbeiträge** zusammengerechnet. Dieser Betrag kann bis zum Höchstbetrag der Vorsorgeaufwendungen abgezogen werden. Dieser Höchstbetrag beträgt 2.340 DM, bei Ehegatten im Fall der Zusammenveranlagung 4.680 DM.

c) Übersteigen die geltend gemachten Vorsorgeaufwendungen die Höchstbeträge, ist der übersteigende Betrag zur Hälfte, höchstens jedoch bis zu 50% der Höchstbeträge (1.170 DM/2.340 DM), abziehbar.

Beispiel (Stand 1990):
Von Ehegatten ist der Ehemann Rentner, die Ehefrau Arbeitnehmerin. Die Versicherungsbeiträge einschließlich der Arbeitnehmerbeiträge der Ehefrau zur gesetzlichen Sozialversicherung haben bei einem Arbeitslohn von 35.000 DM 6.125 DM betragen, die Bausparbeiträge 6.000 DM. Es ergibt sich folgende Berechnung:

Versicherungsbeiträge		6.125 DM	
Vorwegabzug	8.000 DM		
./. 12% des Arbeitslohns	4.200 DM		
bleibt abziehbar		./. 3.800 DM	= 3.800 DM
Restbetrag		2.325 DM	
+ 50% der Bausparbeiträge		+ 3.000 DM	
Zwischensumme		5.325 DM	
Grundhöchstbetrag für Ehegatten		4.680 DM	= 4.680 DM
übersteigender Betrag		645 DM	
davon ½		323 DM	
höchstens ½ von 4.680 DM		2.340 DM	= 323 DM
abziehbare Vorsorgeaufwendungen			8.803 DM.

Übrige Sonderausgaben

Nicht unter die genannten Sonderausgaben-Höchstbeträge fallen die übrigen Sonderausgaben:

- Unterhaltsleistungen an den geschiedenen oder dauernd getrennt lebenden Ehegatten, wenn der Geber dies mit Zustimmung des im Inland lebenden Empfängers beantragt, bis zur Höhe von 27.000 DM im Kalenderjahr. Die als Sonderausgaben abgezogenen Unterhaltsleistungen sind beim Empfänger als sonstige Einkünfte steuerpflichtig (sog. Realsplitting);
- vom Steuerzahler zu zahlende Renten oder dauernde Lasten, die auf besonderen Verpflichtungsgründen beruhen und nicht mit steuerfreien Einkünften zusammenhängen (z. B. sog. Altenteilsleistungen in der Landwirtschaft);
- gezahlte Kirchensteuer, im gleichen Jahr erhaltene Erstattungen müssen abgezogen werden;
- Steuerberatungskosten, die weder Betriebsausgaben noch Werbungskosten sind (einschließlich angemessener Aufwendungen für Steuerfachliteratur);
- Aufwendungen des Steuerzahlers für die eigene Berufsausbildung oder die Berufsausbildung seines Ehegatten bis 900 DM jährlich, bei auswärtiger Unterbringung bis 1.200 DM jährlich;
- Spenden und Beiträge zur Förderung mildtätiger, kirchlicher, religiöser, wissenschaftlicher und der als besonders förderungswürdig anerkannten gemeinnützigen Zwecke; die Höhe des Abzugs ist zwar begrenzt, doch wird die Grenze in normalen Fällen nicht erreicht;
- für Beiträge und Spenden an politische Parteien wird die geschuldete Einkommensteuer zunächst um 50% der geleisteten Beiträge und Spenden ermäßigt, wobei die Steuerermäßigung auf 600 DM, bei Zusammenveranlagung von Ehegatten auf 1.200 DM begrenzt ist (§ 34g EStG).

Sonderausgaben-Pauschbetrag

Für die genannten übrigen Sonderausgaben wird ein Pauschbetrag von 108 DM berücksichtigt, wenn keine höheren Aufwendungen vorliegen. Bei der Zusammenveranlagung von Ehegatten sowie bei Verwitweten und Geschiedenen, bei denen das Splittingverfahren angewandt wird, verdoppelt sich der Pauschbetrag auf 216 DM. In der Steuererklärung sind deshalb Angaben zu den übrigen Sonderausgaben entbehrlich, wenn sie zusammen den Pauschbetrag nicht übersteigen. Bis 1989 betrug der Sonderausgaben-Pauschbetrag 270 DM/540 DM.

Sonstige Einkünfte

Einkünfte, die nicht unter die **sieben Einkunftsarten** fallen, sind nicht steuerpflichtig. Dazu gehören z. B. die Lotto-, Lotterie- und Spielbankgewinne. Die sieben Einkunftsarten sind Einkünfte aus Land- und Forstwirtschaft, Gewerbebetrieb, selbständiger Arbeit, Kapitalvermögen, Vermietung und Verpachtung und sonstige Einkünfte.

Auch wenn diese Einkünfte nicht einkommensteuerpflichtig sind, kommt die **Vermögensteuerpflicht** in Betracht, die sich jeweils nach dem Vermögen am 1. 1. eines Jahrs richtet. Wer also im Januar in der Lotterie gewinnt, kann mit dem daraus gewonnenen Vermögen frühestens am 1. 1. des folgenden Jahrs vermögensteuerpflichtig werden. Zinsen und Erträge aus dem Vermögen gehören allerdings zu den Einkünften aus Kapitalvermögen.

S. → „Sonstige Einkünfte".

Steuerfreie Einnahmen

Neben → steuerfreien Renten sind für Rentner und Senioren folgende steuerfreie Einnahmen wichtig:

- Geld- und Sachleistungen aus einer **Krankenversicherung** (§ 3 Nr. 1a EStG);
- Geld und Sachleistungen aus der **gesetzlichen Unfallversicherung** (§ 3 Nr. 1a EStG);
- Sachleistungen aus den **gesetzlichen Rentenversicherungen** einschließlich derer nach dem Gesetz über eine Altershilfe für Landwirte (§ 3 Nr. 1b EStG);
- **Kinderzuschüsse** aus den gesetzlichen Rentenversicherungen (§ 3 Nr. 1b EStG);
- Arbeitslosengeld, Kurzarbeitergeld, Schlechtwettergeld, Arbeitslosenhilfe und die meisten Leistungen nach dem **Arbeitsförderungsgesetz** (z. B. Wintergeld), soweit sie Arbeitnehmern oder Arbeitssuchenden gewährt werden oder mit ihnen die Ausbildung oder Fortbildung der Empfänger gefördert wird (§ 3 Nr. 2 EStG). Steuerfrei ist auch das Überbrückungsgeld nach § 55a AFG. Bei der Ermittlung des Steuersatzes für die übrigen Einkünfte werden diese Geldleistungen jedoch berücksichtigt (Progressionsvorbehalt, § 32b EStG);

- **Versorgungsbezüge,** die nach gesetzlichen Vorschriften aus öffentlichen Mitteln an **Wehr- und Zivildienstbeschädigte** oder ihre Hinterbliebenen, an Kriegsbeschädigte, Kriegshinterbliebene und ihnen gleichgestellte Personen gezahlt werden, soweit es sich nicht um Bezüge handelt, die aufgrund der Dienstzeit gewährt werden (§ 3 Nr. 6 EStG);
- **Abfindungen** wegen Auflösung des Dienstverhältnisses, s. → Abfindungen;
- **Zuschüsse** eines Trägers der gesetzlichen Rentenversicherung an Rentner für ihre Krankenversicherung, s. → Krankenversicherungszuschüsse;
- bestimmte **Aufwandsentschädigungen** für nebenberufliche Nebentätigkeit, s. → Nebenverdienst;
- **Jubiläumsgeschenke** des Arbeitgebers in Geld oder Sachwerten an Arbeitnehmer, die bei ihm in einem gegenwärtigen Dienstverhältnis stehen, im zeitlichen Zusammenhang mit einem Jubiläum, soweit die folgenden Beträge nicht überschritten werden:

10jähriges Arbeitnehmerjubiläum	600 DM
25jähriges Arbeitnehmerjubiläum	1.200 DM
40-, 50- oder 60jähriges Arbeitnehmerjubiläum	2.400 DM
Geschäftsjubiläum, weil das Geschäft 25 Jahre oder ein Mehrfaches von 25 Jahren besteht	1.200 DM.

  Jubiläumsgeschenke aus Anlaß eines Geschäftsjubiläums können auch solchen Arbeitnehmern steuerfrei gewährt werden, die wegen Erreichens der Altersgrenze oder wegen Berufsunfähigkeit **nicht mehr** in einem gegenwärtigen Dienstverhältnis stehen; dasselbe gilt für Jubiläumsgeschenke an die Hinterbliebenen von früheren Arbeitnehmern (§ 4 LStDV);
- **Wohngeld** nach dem Wohngeldgesetz und die sonstigen Leistungen zur Senkung der Miete oder Belastung im Sinn von § 38 des Wohngeldgesetzes (§ 3 Nr. 58 EStG);
- → „Wiedergutmachungsrenten“.

Steuerfreie Renten

Einige wenige Renten sind kraft Gesetzes steuerfrei. Es sind dies:

- Renten aus der gesetzlichen Unfallversicherung (§ 3 Nr. 1a EStG).

  Die Unfallrenten aus der Kraftfahrzeug-Haftpflichtversicherung sind keine Renten in diesem Sinn.

- Kriegs- und Schwerbeschädigtenrenten (Versorgungsrenten; § 3 Nr. 6 EStG).

  S. → „Steuerfreie Einnahmen".

- Wiedergutmachungsrenten (§ 3 Nr. 8 EStG).

  Es handelt sich um Geldrenten, die aufgrund gesetzlicher Vorschrift zur Wiedergutmachung national-sozialistischen Unrechts gewährt werden, s. → „Wiedergutmachungsrenten".

Steuerreform 1990

Die Steuerreform 1990 ändert am Prinzip der Besteuerung von Renten und Pensionen nichts. Jedoch sind eine Reihe einzelner Vorschriften geändert worden, die sich auf die Höhe der Steuer auswirken. Ggf. ist im einzelnen eine genaue Berechnung notwendig.

Als **Faustregel** kann aber nach der Steuerreform gelten, daß

- ein Sozialrentner-Ehepaar bis zu einer gemeinsamen Jahresrente von ca. 60.000 DM und
- ein alleinstehender Sozialrentner oder eine alleinstehende Sozialrentnerin bis zu einer Jahresrente von ca. 30.000 DM

keine Einkommensteuer zu zahlen haben, wenn die Sozialrenten ab dem 65. Lebensjahr bezogen werden.

Steuervergünstigungen für Senioren

Neben den Vergünstigungen bei der Besteuerung der Renten und Pensionen sowie der Veräußerungsgewinne gibt es bei der Einkommensteuer noch eine Reihe weiterer Steuervergünstigungen, die sich speziell für Senioren eignen.

Vergleichen Sie daher folgende Stichwörter

→ Altersentlastungsbetrag
→ Altersfreibetrag
→ Hinterbliebenen-Pauschbetrag
→ Hausgehilfin/Haushaltshilfe
→ Haushaltsfreibetrag
→ Heimbewohner
→ Körperbehinderte

Tabelle 1: Ertragsanteil für allgemeine Leibrenten
(§ 22 Nr. 1 Buchst. a EStG)

Bei Beginn der Rente vollendetes Lebensjahr des Renten-berechtigten	Ertrags-anteil in %	Bei Beginn der Rente vollendetes Lebensjahr des Renten-berechtigten	Ertrags-anteil in %	Bei Beginn der Rente vollendetes Lebensjahr des Renten-berechtigten	Ertrags-anteil in %
0 bis 2	72	42	48	66	23
3 bis 5	71	43 bis 44	47	67	22
6 bis 8	70	45	46	68	21
9 bis 10	69	46	45	69	20
11 bis 12	68	47	44	70	19
13 bis 14	67	48	43	71	18
15 bis 16	66	49	42	72	17
17 bis 18	65	50	41	73	16
19 bis 20	64	51	39	74	15
21 bis 22	63	52	38	75	14
23 bis 24	62	53	37	76 bis 77	13
25 bis 26	61	54	36	78	12
27	60	55	35	79	11
28 bis 29	59	56	34	80	10
30	58	57	33	81 bis 82	9
31 bis 32	57	58	32	83	8
33	56	59	31	84 bis 85	7
34	55	60	29	86 bis 87	6
35	54	61	28	88 bis 89	5
36 bis 37	53	62	27	90 bis 91	4
38	52	63	26	92 bis 93	3
39	51	64	25	94 bis 96	2
40	50	65	24	ab 97	1
41	49				

Tabelle 2: Ertragsanteil für abgekürzte Leibrenten
(§ 55 Abs. 2 EStDV)

Beschränkung der Laufzeit der Rente auf ..... Jahre ab Beginn des Rentenbezugs[a]	Der Ertragsanteil beträgt, vorbehaltlich der Spalte 3, ...%	Der Ertragsanteil ist der Tabelle in § 22 Nr. 1 Buchst. a EStG zu entnehmen, wenn der Rentenberechtigte zu Beginn des Rentenbezugs das ......te Lebensjahr vollendet hatte[b]
1	2	3
1	0	entfällt
2	2	97
3	5	90
4	7	86
5	9	83
6	10	81
7	12	79
8	14	76
9	16	74
10	17	73
11	19	71
12	21	69

Beschränkung der Laufzeit der Rente auf ..... Jahre ab Beginn des Rentenbezugs[a]	Der Ertragsanteil beträgt, vorbehaltlich der Spalte 3, ...%	Der Ertragsanteil ist der Tabelle in § 22 Nr. 1 Buchst. a EStG zu entnehmen, wenn der Rentenberechtigte zu Beginn des Rentenbezugs das ......te Lebensjahr vollendet hatte[b]
1	2	3
13	22	68
14	24	66
15	25	65
16	26	64
17	28	62
18	29	61
19	30	60
20	31	60
21	33	58
22	34	57
23	35	56
24	36	55
25	37	54
26	38	53
27	39	52
28	40	51
29	41	51
30	42	50
31	43	49
32	44	48
33	45	47
34	46	46
35	47	45
36	48	43
37–38	49	42
39	50	41
40	51	40
41–42	52	39
43	53	38
44	54	36
45–46	55	35
47–48	56	34
49	57	33
50–51	58	31
52–53	59	30
54–55	60	28
56–57	61	27
58–59	62	25
60–62	63	23
63–64	64	21
65–67	65	19
68–70	66	17
71–74	67	15
75–77	68	13
78–82	69	11
83–87	70	9
88–93	71	6
mehr als 93	Der Ertragsanteil ist immer der Tabelle in § 22 Nr. 1 Buchst. a EStG zu entnehmen.	

[a] Hat die Rente bereits vor dem 1. 1. 1955 zu laufen begonnen, werden nur die Jahre ab dem 1. 1. 1955 gezählt.

[b] Hat die Rente bereits vor dem 1. 1. 1955 zu laufen begonnen, gilt das vor dem 1. 1. 1955 vollendete Lebensjahr.

Umwandlung von Renten

Wird eine Berufs- oder Erwerbsunfähigkeitsrente, die eine abgekürzte Leibrente ist, **in Altersruhegeld umgewandelt,** ist für diese neue Rente der Ertragsanteil nach Tabelle 1 (§ 22 Nr. 1a EStG) festzustellen. Zuvor ist die Rente nach Tabelle 2 (§ 55 EStDV) als abgekürzte Leibrente mit einer Laufzeit bis zum 60. Lebensjahr (Frauen) bzw. 62. Lebensjahr (Männer) zu besteuern. Wird danach **kein Antrag** auf Umwandlung gestellt, richtet sich der Ertragsanteil nach der vom Rentenbeginn bis zum 65. Lebensjahr bemessenen Laufzeit. Nach dem 60. Lebensjahr bzw. 62. Lebensjahr ändert sich also der Ertragsanteil. Nach Vollendung des 65. Lebensjahrs besteht keine Verpflichtung zur Umwandlung. Der Steuerzahler kann durch einen **Antrag** auf Umwandlung z. B. erst mit Beginn des 68. Lebensjahrs den Ertragsanteil der Rente von 24% (bei 65. Lebensjahr) auf 21% senken.

Für die Erwerbs- oder Berufsunfähigkeitsrente ist dann der für eine bis zu diesem Zeitpunkt ermittelte Laufzeit maßgebliche Ertragsanteil anzusetzen, der keinesfalls über 24% liegen dürfte.

Hierbei ist zu beachten, daß das Altersruhegeld etwa um 50% höher als die Berufsunfähigkeitsrente liegt. Die Erwerbsunfähigkeitsrente ist gleich hoch. Die Rentenversicherungsanstalt ist jedoch nach § 1254 Abs. 2 RVO verpflichtet, bei Erreichen des 65. Lebensjahrs die Berufs- oder Erwerbsunfähigkeitsrente in das Altersruhegeld umzuwandeln, wenn **kein Antrag auf Verlängerung** vorliegt.

Wird auf diese Weise auf die Umwandlung bei Vollendung des 65. Lebensjahrs verzichtet, führt dies nicht automatisch zu einer lebenslangen Erwerbs- oder Berufsunfähigkeitsrente; der Ertragsanteil steigt dann jährlich, wenn nicht das Finanzamt nach der beabsichtigten Umwandlung fragt. Bei Frauen führen die sog. Kindererziehungszeiten zu einem die Erwerbsunfähigkeitsrente übersteigenden Altersruhegeld; hier muß also im Einzelfall der Zeitpunkt der Umwandlung geprüft werden.

Bei dem im Rahmen der Steuerreform 1990 erneut angehobenen Grundfreibetrag dürften jedoch die Fälle, in denen ein um 2–3% geringerer Ertragsanteil überhaupt steuerlich von Bedeutung ist, **selten** sein. Rentner, bei denen dies ggf. der Fall sein könnte, sollten sich besonders beraten lassen[17].

S. → „Berufsunfähigkeitsrente".

---

17 Vgl. hierzu „Zum steuerlich günstigsten Zeitpunkt der Umwandlung von Berufs- oder Erwerbsunfähigkeitsrenten in das Altersruhegeld", Der Betrieb 1988 S. 626; Werdermann, „Eine Ergänzung zu den Ausführungen in DB 1988 S. 626", Der Betrieb 1988 S. 1140.

Unfallrenten

Renten aus der **gesetzlichen Unfallversicherung** sind steuerfrei; ebenso Renten aufgrund des Bundesversorgungsgesetzes, die auf einer Körperbeschädigung beruhen (§ 3 Nr. 1 u. 6 EStG).

Unfallrenten aus der **betrieblichen Unfallversicherung** des Arbeitgebers sind Leibrenten, wenn der Arbeitnehmer einen unmittelbaren Rechtsanspruch aus der Versicherung hat und die Beiträge zur Unfallversicherung vorher Arbeitslohn darstellten.

Erhält der Arbeitnehmer die Unfallrente dagegen aufgrund eines gegenüber seinem Arbeitgeber bestehenden Rechtsanspruchs, wobei sich der Arbeitgeber zur Risikoabsicherung einer Rückdeckungsversicherung bedient hat, handelt es sich um **nachträglichen Arbeitslohn** des Arbeitnehmers.

Hat der Arbeitnehmer eine eigene **private Unfallversicherung** für Berufsunfälle abgeschlossen und die Beiträge hierzu als Werbungskosten abgezogen, sind die Versicherungsleistungen nachträglicher Arbeitslohn. Hat er dagegen die Versicherungsbeiträge als Sonderausgaben geltend gemacht, ist die Unfallrente eine Leibrente im Sinn von § 22 Nr. 1a EStG.

Veräußerungsrenten

Veräußerungsrenten können Leibrenten sein. Eine Veräußerungsrente ist aber **nur** anzunehmen, wenn Leistung und Gegenleistung bei der Veräußerung wie unter Fremden bemessen wurden und Versorgungsbedürfnisse des Veräußerers bzw. des Rentenempfängers keine ins Gewicht fallende Rolle gespielt haben. Andernfalls würde das Abzugsverbot des § 12 Nr. 2 EStG eingreifen, wonach Zuwendungen an gesetzliche unterhaltsberechtigte Personen überhaupt nicht abziehbar sind. Es sind hierbei private und betriebliche Leibrenten zu unterscheiden.

Ist eine derartige Leibrente **betrieblich veranlaßt,** d. h. ist die Leibrente das Entgelt für die Hingabe eines Betriebsanteils oder eines Betriebsgegenstands, stellt die Leibrente in voller Höhe nachträgliche Einkünfte aus der betreffenden Einkunftsart (Land- und Forstwirtschaft, Gewerbebetrieb, selbständige Arbeit) dar, aber erst, wenn das Kapitalkonto des veräußerten Betriebs oder Betriebsanteils durch die Rentenzahlungen überstiegen wird.

Zugelassen wird in diesem Fall aber auch die sofortige Besteuerung des Veräußerungserlöses (versicherungsmathematischer Barwert der Rente abzüglich des Kapitalkontos), wobei eine Tarifermäßigung nach § 34 Abs. 1 EStG zum Zuge kommen kann. Danach sind die Leibrenten als sonstige Einkünfte nach Tabelle 1 (§ 22 Nr. 1a EStG) zu versteuern (Abschn. 167 Abs. 2 S. 3 EStR), vorausgesetzt, es handelt sich um eine Leibrente (auf Lebenszeit).

Tritt die **Versorgung** des **Empfängers** bei der Veräußerungsrente in den Vordergrund, handelt es sich um eine Vermögensübertragung außerhalb der Einkommensbesteuerung, so daß das Abzugsverbot des § 12 Nr. 2 EStG eingreift.

Eine derartige Unterhaltsrente wird angenommen, wenn der Wert der Rentenzahlungen (Kapitalwert) zusätzlich etwaiger Gegenleistungen nicht die **Hälfte** des Werts des Vermögensgegenstands erreicht (Abschn. 123 Abs. 3 EStR). Bei diesen Unterhaltsrenten kann der Geber die Leistungen steuerlich nicht absetzen und der Empfänger braucht sie nicht zu versteuern. Etwas anderes gilt nur, wenn der Geber nicht unbeschränkt steuerpflichtig ist (im Ausland lebt).

Beispiel 1:
A erwirbt von seinem Vater ein **privatgenutztes** Mietwohngrundstück gegen rechtsverbindliche Zusicherung einer lebenslänglichen Leibrente. Der Wert der Rente wird weniger nach dem Wert des Grundstücks als vielmehr nach den Lebensbedürfnissen des Vaters bemessen. Leistung und Gegenleistung sind somit nicht nach wirtschaftlichen Grundsätzen gegeneinander abgewogen worden. Nach überschläglicher Berechnung beträgt jedoch der Zeitwert des Grundstücks **mindestens die Hälfte des Werts** der Rentenverpflichtung.

Es handelt sich um eine private Versorgungsrente, die nicht überwiegend auf gesetzlicher Unterhaltspflicht beruht. A kann den Ertragsanteil der (vollen) Rente als Sonderausgabe abziehen; der Vater muß den Ertragsanteil der (vollen) Rente nach § 22 Nr. 1 Buchst. a EStG (Leibrente) versteuern (Tabelle 1).

Beispiel 2:
B erwirbt unentgeltlich den väterlichen landwirtschaftlichen Betrieb gegen rechtsverbindliche Zusicherung von Altenteilsleistungen. Sie werden nicht in Erfüllung der gesetzlichen Unterhaltspflicht gezahlt. Die Altenteilsleistungen fallen als Leibrenten oder dauernde Lasten unter den Sonderausgabenabzug.

Beispiel 3:
C erwirbt von seinem Vater ein **privatgenutztes** Wohngrundstück gegen rechtsverbindliche Zusicherung einer lebenslänglichen Leibrente. Die Höhe der Rente wird nach wirtschaftlichen Grundsätzen bemessen, so daß Leistung und Gegenleistung sich **gleichwertig** gegenüberstehen.

Es handelt sich um eine Veräußerungsrente, die nicht in Erfüllung der gesetzlichen Unterhaltspflicht, sondern als Kaufpreis für das Grundstück gezahlt wird. C kann den Ertragsanteil der Rente als Werbungskosten von den Einnahmen aus dem Mietwohngrundstück abziehen. Der Vater muß den Ertragsanteil der Rente nach Tabelle 1 (§ 22 Nr. 1a EStG) versteuern.

Veräußerungs- und Aufgabegewinne

Um den Übergang vom Erwerbs- in das Ruhestandsleben zu erleichtern, können bei Einkünften aus Land- und Forstwirtschaft, Gewerbebetrieb und selbständiger Arbeit die Veräußerungs- und Aufgabegewinne unter bestimmten Voraussetzungen **günstiger besteuert** werden. Dem liegt u. a. der Gedanke zugrunde, daß der Inhaber diese Gewinne für seinen Lebensunterhalt in den weiteren Jahren benötigt.

Einkünfte aus Gewerbebetrieb

Zu den begünstigten Gewinnen gehören Gewinne, die bei der **Veräußerung** eines gewerblichen Betriebs, eines Teilbetriebs oder eines Anteils an einem gewerblichen Betriebsvermögen erzielt werden.

Die **Aufgabe** des Betriebs wird insoweit der Veräußerung gleichgestellt. Eine Aufgabe liegt vor, wenn es zu keiner Veräußerung gekommen ist.

Der Veräußerungsgewinn wird zur Einkommensteuer nur herangezogen, soweit er bei der Veräußerung des ganzen Betriebs **30.000 DM** übersteigt. Wird nur ein Teilbetrieb oder der Anteil an einem Betriebsvermögen veräußert, vermindert sich dieser Freibetrag auf den prozentual entsprechenden Teil von 30.000 DM. Umfaßt z. B. der Teilbetrieb nur die Hälfte des ganzen Betriebs, so beträgt der Freibetrag für den Teilbetrieb auch nur die Hälfte = 15.000 DM.

Ist der Veräußerungsgewinn bei der Veräußerung des ganzen Betriebs **höher als 100.000 DM,** ermäßigt sich der Freibetrag von 30.000 DM um den 100.000 DM übersteigenden Betrag. Das bedeutet, daß bei Veräußerungsgewinnen ab 130.000 DM der Freibetrag weggefallen ist. Bei Teilbetriebsveräußerungen und Veräußerungen eines Anteils am Betriebsvermögen werden die prozentual entsprechenden Anteile des Freibetrags von 30.000 DM und der Freigrenze von 100.000 DM zugrunde gelegt.

Bei der Betriebsveräußerung nach Vollendung des 55. Lebensjahrs oder wegen dauernder Berufsunfähigkeit des Inhabers, gleicherweise auch bei Aufgabe des Betriebs, erhöht sich der Freibetrag von 30.000 DM auf **120.000 DM** und die Freigrenze von 100.000 DM auf **300.000 DM.**

Einkünfte aus selbständiger Arbeit

Bei der Veräußerung des Vermögens, das der selbständigen Arbeit dient, und bei der Aufgabe der selbständigen Arbeit gelten die gleichen Freibeträge und Freigrenzen wie bei der Veräußerung oder Aufgabe eines gewerblichen Betriebs.

Einkünfte aus Land- und Forstwirtschaft

Auch bei der Veräußerung oder Aufgabe eines land- und forstwirtschaftlichen Betriebs gelten die gleichen Freibeträge und Freigrenzen wie bei der Veräußerung oder Aufgabe eines gewerblichen Betriebs. Land- und Forstwirte mit kleineren Betrieben haben weiter unter gewissen Voraussetzungen die Wahl, stattdessen einen Freibetrag bis zu 90.000 DM in Anspruch zu nehmen. Dieser Freibetrag wird auch bei höheren Veräußerungsgewinnen nicht gekürzt. Er wird allerdings bei einer Betriebsaufgabe nur dann gewährt, wenn der Betrieb zum Zweck der **Strukturverbesserung** aufgegeben wird.

Ermäßigte Steuer

Im übrigen wird der nach Abzug der Freibeträge steuerpflichtige Aufgabe- oder Veräußerungsgewinn noch **ermäßigt besteuert** (§ 34 EStG).

Steuererlaß

In Ausnahmefällen kann beim Übergang in das Ruhestandsleben auch ein **Steuererlaß** (§ 163 AO) in Betracht kommen. Nämlich dann, wenn der Steuerzahler sich im Rentenalter befindet und zur Bestreitung seines künftigen Unterhalts auf das verbleibende Vermögen angewiesen ist. Nach der Rechtsprechung ist soviel an Steuer zu erlassen, daß eine **Versicherung** über sofort fällige Rentenbezüge gegen Zahlung einer **Einmalprämie** abgeschlossen werden kann, die dem Steuerzahler eine Lebensführung in bescheidenem Umfang ermöglicht[18].

---

18 BFH, Urteile v. 29. 4. 1981, IV R 23/78, BStBl 1981 II S. 726 u. v. 26. 2. 1987, IV R 298/84, BStBl 1987 II S. 612.

Betriebsverpachtung

Wer seinen gewerblichen Betrieb als Ganzes verpachtet (Betriebsverpachtung), hat ein Wahlrecht. Er kann die Betriebsaufgabe erklären oder den Betrieb als fortgesetzt ansehen. In diesem Fall erzielt er weiterhin gewerbliche Einkünfte. Er selbst muß aber keine Gewerbesteuer bezahlen[19].

Vereinnahmung

Einnahmen gelten innerhalb des Kalenderjahrs als bezogen, in dem sie dem Empfänger zufließen (§ 11 EStG). Fließen die Rentenzahlungen jedoch nur kurze Zeit vor Beginn oder nach Ende des Kalenderjahrs zu, sind sie in dem Kalenderjahr als Einnahmen anzusetzen, zu dem sie wirtschaftlich gehören. Als kurze Zeit in diesem Sinn werden 10 Tage angesehen.

Versorgungsanstalt des Bundes und der Länder

Die Versorgungsanstalt des Bundes und der Länder (VBL) zahlt grundsätzlich keine Versorgungsbezüge im Sinn der Beamtengesetze, sondern Renten, die als solche steuerpflichtig sind.

Es richtet sich nach der Laufzeit, ob es sich um eine normale oder um eine abgekürzte Leibrente handelt. Erhält jemand z. B. zu der Erwerbsunfähigkeitsrente aus der gesetzlichen Rentenversicherung (= abgekürzte Leibrente) von der VBL noch eine Zusatzrente, welche bei der Umwandlung der Erwerbsunfähigkeitsrente in das Altersruhegeld neu berechnet wird, so ist die Zusatzrente eine abgekürzte Leibrente. Mit der Umwandlung wird sie ggf. eine normale Leibrente[19a].

Versorgungsausgleich Geschiedener

Nach einer **Ehescheidung** kann es bei der Durchführung des Versorgungsausgleichs zu einer **Übertragung der Anwartschaft** auf Altersrenten aus der gesetzlichen Rentenversicherung auf den anderen Ehegatten kommen.

Denn der Ehegatte mit den werthöheren Anwartschaften ist zum Ausgleich verpflichtet, wobei dem anderen Ehegatten als Ausgleich die Hälfte des

---

19 BFH, Urteil v. 13. 11. 1963, GrS 1/63 S, BStBl 1964 III S. 124.
19a BFH, Urteil v. 4. 10. 1990, X R 60/90, zur Veröffentlichung bestimmt.

Wertunterschieds zusteht, der als Zugewinn in der geführten Ehe anzusehen ist (§§ 1587a, 1587b BGB).

Im Grundsatz ist es so, daß die während der Ehe erworbenen Rentenanwartschaften der Ehegatten miteinander verglichen werden und der Ehegatte, der einen Zugewinn hat, die Hälfte davon an den anderen Ehegatten abgeben muß (Rentensplitting).

Die Übertragung erfolgt von Gesetzes wegen durch das **Familiengericht** und wird deshalb als öffentlich-rechtlicher **Versorgungsausgleich** bezeichnet.

Der **Zugewinnausgleich** selbst ist einkommensteuerrechtlich neutral, denn er berührt nur die Vermögenssphäre der geschiedenen Ehegatten. Die später dem Ausgleichsberechtigten zufließende Rente ist dagegen mit dem Ertragsanteil nach Tabelle 1 (§ 22 Nr. 1a EStG) zu versteuern.

Hat ein Ehegatte, der auf diese Weise zum Ausgleich verpflichtet ist, Anspruch auf **Versorgung** nach **beamtenrechtlichen Vorschriften,** d. h. erhält er später ggf. keine Rente, sondern eine Pension, kann dem geschiedenen Ehepartner durch Zahlungen des Ehegatten oder seines Arbeitgebers an die gesetzliche Rentenversicherung der Anspruch auf eine eigene Rente eröffnet werden (§ 1587b Abs. 2 BGB).

Das bedeutet, daß der verpflichtete Ehegatte später eine gekürzte Pension und der berechtigte Ehegatte eine Rente aus der gesetzlichen Sozialversicherung erhalten können. Hierbei gibt es verschiedene Varianten, z. B. kann der verpflichtete Ehegatte durch eine Ausgleichszahlung seinen vollen Pensionsanspruch wieder erlangen. Auch für diese später gezahlte Rente an den geschiedenen Ehegatten ist der Ertragsanteil aus Tabelle 1 (§ 22 Nr. 1a EStG) zu entnehmen[20].

In anderen Fällen ist ein sog. schuldrechtlicher Versorgungsausgleich in der Weise möglich, daß der Ausgleichsverpflichtete **unmittelbar eine Geldrente** an den Berechtigten zu zahlen hat.

Die Behandlung dieser Rente ist durch die Rechtsprechung erst teilweise geklärt. Handelt es sich um **verdeckte Unterhaltsleistungen,** weil ihnen keine ausreichende Gegenleistung in dem Verzicht des Empfängers auf den **Anspruch** auf **Zugewinnausgleich** gegenübersteht, greift grundsätzlich das Abzugsverbot des § 12 Nr. 2 EStG ein und die steuerliche Behandlung richtet sich nach dem sog. begrenzten Realsplitting (§ 10 Abs. 1 Nr. 1 EStG).

---

20 BMF, Schreiben v. 20. 7. 1981, BStBl 1981 I S. 567; DB 1981 S. 1854.

Sind die Leistungen nicht gleichwertig, soll nach einer Entscheidung des BFH der Verpflichtete seine Leistungen als dauernde Last insoweit abziehen können, als ihr Wert den des Zugewinnausgleichs übersteigt[21]. Der Empfänger hat dann entsprechend die Leistungen voll zu versteuern.

Offen ist, ob nicht durch entsprechende Gestaltung (auf Lebenszeit, Ausschluß der Abänderbarkeit) nicht auch eine Leibrente begründet werden könnte, die mit dem Ertragsanteil zu versteuern wäre.

Kommt es dagegen zu **Ratenzahlungen** (i. S. v. § 1587d Abs. 2 BGB), die vom Familiengericht nach der wirtschaftlichen Lage des Zahlungsverpflichteten festgesetzt werden, sind die empfangenen Raten in voller Höhe als wiederkehrende Bezüge zu versteuern (§ 22 Nr. 1 S. 1 EStG).

Denn das Familiengericht kann nach dem Gesetz seine Entscheidung auf Antrag aufheben oder ändern, wenn sich die Verhältnisse nach der Scheidung wesentlich geändert haben. Da somit die **Abänderbarkeit** der Rente (Raten) nicht ausgeschlossen ist, wie es für die Annahme einer Leibrente erforderlich ist, und auch **kein Rentenstammrecht** anzunehmen ist, fehlt es an einer Leibrente und damit an der Voraussetzung der Anwendung der günstigen Besteuerung mit dem Ertragsanteil.

Werden nicht Rentenansprüche abgetreten, sondern **Versorgungsansprüche** (z. B. aus einer Pensionskasse), unterliegen die Zahlungen beim Empfänger ebenfalls der vollen Versteuerung nach § 22 Nr. 1 S. 1 EStG als wiederkehrende Bezüge.

Vorsorge-Pauschbetrag und Vorsorgepauschale

Versicherungsbeiträge und Bausparbeiträge werden als Vorsorgeaufwendungen bezeichnet. Sie sind als Sonderausgaben nur im Rahmen der Sonderausgaben-Höchstbeträge abziehbar. Wenn keine höheren Aufwendungen im einzelnen nachgewiesen wurden, wurden sie bis 1989 mit einem Pauschbetrag in Höhe von 300 DM/Ehegatten 600 DM (**Vorsorge-Pauschbetrag**) angesetzt. Ab 1990 ist der Vorsorge-Pauschbetrag weggefallen.

Hat jemand aber Arbeitslohn bezogen, so erhält er nach wie vor eine **Vorsorgepauschale.** Zum Arbeitslohn zählen auch die Versorgungsbezüge (Pensionen). Die Vorsorgepauschale ist für rentenversicherungspflichtige Arbeitnehmer und nicht rentenversicherungspflichtige Arbeitnehmer unterschiedlich hoch.

---

21 BFH, Urteil v. 3. 6. 1986, IX R 2/99, BStBl 1986 II S. 674.

1) **Nicht rentenversicherungspflichtige** Arbeitnehmer sind z. B. Beamte, Richter, Berufssoldaten, Beamte im Ruhestand, Hinterbliebene von Beamten, weiterbeschäftigte Altersrentner und Werkspensionäre, die bereits Altersruhegeld aus der gesetzlichen Rentenversicherung erhalten. Sie können nur eine gekürzte Vorsorgepauschale abziehen. Diese berechnet sich ab 1990 wie folgt:

	Ehemann	Ehefrau
Bruttoarbeitslohn	________	________
./. Versorgungsfreibetrag	________	________
./. Altersentlastungsbetrag	________	________
= Bemessungsgrundlage	________	________
ggf. Ehegatten gemeinsam	________	
davon 18%	________	
höchstens 2.000 DM/Ehegatten 4.000 DM	________	
kleinerer Betrag = Vorsorgepauschale	________	

2) **Rentenversicherungspflichtige** Arbeitnehmer erhalten eine ungekürzte Vorsorgepauschale, die sich wie folgt berechnet:

Bruttoarbeitslohn	________	________
./. Versorgungsfreibetrag	________	________
./. Altersentlastungsbetrag	________	________
= Bemessungsgrundlage	________	________
ggf. Ehegatten gemeinsam	________	
a) 18% davon	________	
b) höchstens 4.000 DM/Ehegatten 8.000 DM	________	
abzüglich 12% der Bemessungsgrundlage	________	
kleinerer Betrag, nicht unter 0	________	
c) Betrag a) abzüglich kleinerer Betrag b)	________	
höchstens 2.340/Ehegatten 4.680 DM	________	
kleinerer Betrag	________	
d) Betrag a) abzüglich der kleineren	________	
Beträge aus b) und c)	________	
höchstens 1.170/Ehegatten 2.340 DM	________	
kleinerer Betrag	________	
Vorsorgepauschale = Summe der kleineren Beträge aus b), c) und d)	________	

3) In sog. **Mischfällen,** d. h. wenn von zusammenveranlagten Ehegatten beide Arbeitslohn beziehen und der eine Ehegatte rentenversicherungspflichtig, der andere dagegen rentenversicherungsfrei ist, ist die Berechnung leider recht kompliziert, denn es sind zwei Berechnungen erforderlich. Vereinfacht gilt:

a) Zunächst wird für beide Ehegatten die Pauschale so berechnet, als wenn sie alleinstehend wären. Für den Sozialversicherungspflichtigen gelten dabei die Höchstbeträge von 4.000 DM, 2.340 DM und 1.170 DM wie bei den Sonderausgaben-Höchstbeträgen (s. Sonderausgaben), für den nicht sozialversicherungspflichtigen Arbeitnehmer der Höchstbetrag von 2.000 DM (s. oben unter 1). Beide Teilbeträge sind anschließend zusammenzurechnen.

b) Bei der zweiten Berechnung wird nur der Arbeitslohn des nicht sozialversicherungspflichtigen Arbeitnehmers angesetzt. Der Teilbetrag beträgt 18% hiervon, höchstens 4.000 DM.

c) Als Vorsorgepauschale ist der höhere Betrag aus a) oder b) anzusetzen.

Die Vorsorgepauschale ist schließlich noch in allen Fällen auf einen durch 54 teilbaren Betrag **abzurunden.**

Beispiel:
Ein verheirateter Pensionär erhält eine Pension von 3.000 DM monatlich = bei 13 Gehältern 39.000 DM jährlich. Als Ruhestandsbeamter ist er nicht rentenversicherungspflichtig, so daß ihm nur die gekürzte Vorsorgepauschale zusteht. Sie beträgt:

Bruttoarbeitslohn (Versorgungsbezüge)		39.000 DM
./. Versorgungsfreibetrag		
40% von 39.000 DM,	15.600 DM	
höchstens	4.800 DM	4.800 DM
Bemessungsgrundlage		34.200 DM
18% davon		6.156 DM
abgerundete Vorsorgepauschale		6.156 DM.

Die Vorsorgepauschale wird stets gewährt, wenn sie zu einem günstigeren Ergebnis als die tatsächlichen Vorsorgeaufwendungen führt. Dies berücksichtigt die EDV-Anlage des Finanzamts beim Lohnsteuer-Jahresausgleich oder in der Einkommensteuererklärung von sich aus. **Es empfiehlt sich daher,** jeweils die tatsächlichen Vorsorgeaufwendungen in der Steuererklärung anzugeben.

S. → „Sonderausgaben“, → „Sonderausgaben-Pauschbetrag“.

Waisenrente

Nach dem Tod des Versicherten wird seinen Kindern in den gesetzlichen Rentenversicherungen eine Waisenrente gewährt (§§ 1267 RVO, 44 AVG, 67 RKG). Sie läuft grundsätzlich bis zur Vollendung des **18. Lebensjahrs** des Kindes, bei weiterer Berufs- oder Schulausbildung und wegen körperlicher oder geistiger Gebrechen des Kindes bis längstens zur Vollendung des 25. Lebensjahrs des Kindes. Bei Unterbrechung oder Verzögerung der Ausbildung wegen Erfüllung der gesetzlichen Wehr- oder Ersatzdienstpflicht wird sie auch noch über das vollendete 25. Lebensjahr hinaus gewährt.

Diese Waisenrente ist eine **eigenständige Rente** des Kindes, und zwar eine abgekürzte Leibrente. Der steuerliche Ertragsanteil ist nach Tabelle 2 (§ 55 Abs. 2 EStDV) zu ermitteln.

Das Kind ist selbst einkommensteuerpflichtig, so daß sich das steuerpflichtige Einkommen der Witwe oder des Witwers durch diese Rente eines ihrer Kinder nicht erhöht. Eine Einkommensteuerpflicht des Kindes infolge einer Waisenrente ist wegen des geringen Ertragsanteils, des steuerlichen Grundfreibetrags und sonstiger Abzüge sehr selten. Sie ist nur bei erheblichem Einkommen des Kindes aus anderen Quellen von Bedeutung.

Werbungskosten bei Renten

Zur Ermittlung des Einkommens, das der Steuer zu unterwerfen ist, sind von den Einnahmen aus der Rente (ggf. vom Ertragsanteil) die Werbungskosten abzuziehen. Das sind Aufwendungen zur Erwerbung, Sicherung und Erhaltung der Rentenbezüge. Die Werbungskosten sind unabhängig davon, ob die Rente mit dem Ertragsanteil besteuert wird oder nicht, **in voller Höhe** abziehbar, und nicht etwa bis zur Höhe des Ertragsanteils der Rente[22].

Die wichtigsten Werbungskosten bei den Renteneinnahmen sind:

- **Rechtsberatungskosten** einschließlich eigener Telefon-, Fahrt- und Portokosten,
- **Prozeßkosten,** besonders auch bei Klagen gegen einen Rentenversicherungsträger,

---

22 BFH, Urteil v. 21. 7. 1981, VIII R 32/80, BStBl 1982 II S. 41.

- **Schuldzinsen** für einen Kredit zur Nachentrichtung freiwilliger Beiträge zur Rentenversicherung in voller Höhe,
- Aufwendungen zur **Begründung** des Rentenstammrechts (Eintragung ins Grundbuch, Notarkosten, Rechtsberatung),
- Ausgaben für einen **Rentenberater** und
- Zahlungen, die ein Beamter an seinen Dienstherrn zur **Abwendung der Kürzung** seiner **Versorgungsbezüge** leistet, welche infolge der Begründung von Rentenanwartschaften an den ausgleichsberechtigten Ehegatten nach der Ehescheidung vorgenommen worden sind[23].

Unerheblich ist, ob die Kosten während des Rentenbezugs oder schon vorher angefallen sind; im letzteren Fall führen sie ggf. als **vorweggenommene Werbungskosten** zu einem Verlust aus der Einkunftsart „sonstige Einkünfte“, der mit anderen Einkünften ausgeglichen wird.

Keine Werbungskosten sind Zahlungen, die ein **geschiedener Ehegatte** als Versorgungsausgleich zur Begründung der Rentenanwartschaft seines früheren Ehegatten an die gesetzliche Rentenversicherung leistet. Sie können weder als Werbungskosten noch als außergewöhnliche Belastung berücksichtigt werden[24].

Die **Beiträge** eines Arbeitnehmers zur **gesetzlichen** Rentenversicherung sind keine vorweggenommenen Werbungskosten zur Erlangung späterer Renteneinkünfte. Sie können nur als Sonderausgaben im Rahmen der für Vorsorgeaufwendungen geltenden Höchstbeträge (§ 10 Abs. 1 Nr. 2a, Abs. 3 EStG) abgezogen werden[25].

Werbungskosten-Pauschbetrag

Wenn nicht höhere Werbungskosten nachgewiesen werden, ist von den Einnahmen im Sinn von § 22 Nr. 1 und 1a EStG (im wesentlichen wiederkehrende Bezüge, Renten und Unterhaltsleistungen im Rahmen des Realsplittings) gem. § 9a Nr. 3 EStG ein Werbungskosten-Pauschbetrag in Höhe von **200 DM** abzuziehen. Dieser Betrag steht jedem Ehegatten zu, soweit er entsprechende Einkünfte hat (z. B. eine eigene Rente).

Negative Einkünfte dürfen sich durch den Abzug des Werbungskosten-Pauschbetrags jedoch nicht ergeben. Werden neben Renten auch Unterhaltsleistungen von dem geschiedenen oder dauernd getrennt lebenden Ehegatten bezogen, welche dieser als Sonderausgaben abziehen kann

---

23 BMF, Schreiben v. 20. 7. 1981, IV B 1 – S 1900 – 25/80, BStBl 1981 I S. 567.
24 BFH, Urteil v. 21. 10. 1983, VI R 198/79, BStBl 1984 II S. 106.
25 BFH, Urteil v. 29. 7. 1986, IX R 206/84, BStBl 1986 II S. 747.

(sog. Realsplitting), kann der Werbungskosten-Pauschbetrag insgesamt nur einmal geltend gemacht werden.

Wiedergutmachungsrenten

Geldrenten, die aufgrund des Wiedergutmachungsrechts der Länder, des Bundesentschädigungsgesetzes, des Bundesgesetzes zur Wiedergutmachung national-sozialistischen Unrechts in der Kriegsopferversorgung sowie des Bundesgesetzes zur Wiedergutmachung national-sozialistischen Unrechts der Kriegsopferversorgung für Berechtigte im Ausland gewährt werden, sind gem. § 3 Nr. 8 EStG einkommensteuerfrei.

Witwen-/Witwerrente

Witwen, Witwer und frühere Ehegatten des Versicherten können Renten erhalten, wenn die entsprechenden gesetzlichen Voraussetzungen vorliegen. Man unterscheidet die „große" und die „kleine Witwen- oder Witwerrente".

Große Witwen- oder Witwerrente

Die große Witwen- oder Witwerrente setzt im wesentlichen voraus (§§ 1246, 1247, 1268 RVO), daß

- der Empfänger das 45. Lebensjahr vollendet hat

  oder

- berufs- oder erwerbsunfähig geworden ist

  oder

- mindestens ein waisenrentenberechtigtes Kind erzieht

  oder

- für ein Kind sorgt, das wegen körperlicher oder geistiger Gebrechen Waisenrente erhält.

Die Besteuerung dieser Rente hängt davon ab, ob eine **lebenslängliche Leibrente** anzunehmen ist oder nicht. Hierbei ist eine lebenslängliche Leibrente ab dem Zeitpunkt anzunehmen, ab dem die Rente fortlaufend auf Lebenszeit des Berechtigten gezahlt wird. Liegt diese Voraussetzung nicht vor, ist i. a. eine **abgekürzte Leibrente** anzunehmen. Hierbei sind verschiedene Fallgestaltungen möglich.

a) Wird die Rente wegen Berufs- oder Erwerbsunfähigkeit oder wegen Erziehung oder Versorgung eines rentenberechtigten Kindes gewährt, und wird sie deshalb voraussichtlich über die Vollendung des 45. Lebensjahrs des Versicherten hinaus gezahlt werden, liegt eine Leibrente vor, deren Ertragsanteil sich aus Tabelle 1 (§ 22 Nr. 1a EStG) ergibt[25a].

b) Ist anzunehmen, daß die o. g. Voraussetzungen noch vor Vollendung des 45. Lebensjahrs durch den Berechtigten entfallen, ist diese Rente eine abgekürzte Leibrente und ihr Ertragsanteil für steuerliche Zwecke aus Tabelle 2 (§ 55 Abs. 2 EStDV) zu ermitteln.

   Die nach Wegfall dieser Voraussetzungen dann möglicherweise anfallende kleine Witwen- oder Witwerrente ist dann wiederum eine eigenständige Rente in Form einer abgekürzten Leibrente, deren Ertragsanteil neu nach Tabelle 2 (§ 55 Abs. 2 EStDV) zu ermitteln ist.

   Es ist demnach so, daß bis zum 45. Lebensjahr gezahlte, unterschiedliche Renten wegen ihrer verschiedenen Rechtsgrundlagen als mehrere selbständige, abgekürzte Leibrenten betrachtet werden.

c) Tritt die Berufs- oder Erwerbsunfähigkeit vor Vollendung des 45. Lebensjahrs des Berechtigten ein oder fällt sie weg, so hat dies steuerrechtliche Wirkung auch für die Vergangenheit, weil die Laufzeit der bisherigen Rente dadurch verändert wird. Die Laufzeit wiederum verändert auch den Ertragsanteil. Steuerrechtlich ist deshalb die Änderung der bisher erteilten Steuerbescheide nach § 175 Abs. 1 Nr. 2 AO (Eintritt eines rückwirkenden Ereignisses) möglich und geboten.

d) Verlängert sich die Laufzeit der abgekürzten Leibrente unerwartet, etwa weil die Erziehung oder Versorgung eines waisenrentenberechtigten Kindes länger als vorausgesehen oder die Berufsunfähigkeit länger andauert als zunächst bescheinigt, wird der Ertragsanteil neu nach der neuen voraussichtlichen Laufzeit ermittelt (Abschn. 167 Abs. 5 S. 14 EStR).

e) Fällt die Rente unvorhergesehenermaßen weg, was meist bei Wiederverheiratung des Berechtigten der Fall ist, würde steuerrechtlich ebenfalls eine rückwirkende Änderung gem. § 175 Abs. 1 Nr. 2 AO möglich sein. Die Finanzverwaltung sieht in diesen Fällen jedoch von einer Rückwirkung ab[26].

[25a] So bei einer wegen Erziehung eines waisengeldberechtigten Kindes gezahlten großen Witwenrente: BFH, Urteil v. 8. 3. 1989, X R 16/85, zur Veröffentlichung bestimmt.

[26] OFD Hannover, Verfügung v. 28. 4. 1983, ESt-Kartei zu § 22, Nr. 6.

Kleine Witwen- oder Witwerrente

Vor Vollendung des 45. Lebensjahrs des Berechtigten kann bereits die sog. kleine Witwen- oder Witwerrente gezahlt werden (§ 1268 RVO, § 45 AVG), welche spätestens bei Vollendung des 45. Lebensjahrs des Berechtigten in die große Witwen- oder Witwerrente übergeht. Die kleine Witwen- oder Witwerrente ist eine abgekürzte Leibrente; ihr steuerlicher Ertragsanteil ist daher aus Tabelle 2 (§ 55 Abs. 2 EStDV) zu entnehmen. Nach Übergang in eine andere Rente ist für diese der Ertragsanteil neu zu bestimmen.

Zeitrenten

Das ist eine Rente, die aufgrund eines Rentenstammrechts gezahlt wird, deren Laufzeit aber nicht von der Lebensdauer einer Person abhängt, sondern für die eine bestimmte Zeit festgelegt ist[27]. Sie ist keine Leibrente und deshalb kann sie auch nicht mit dem steuerlich günstigen Ertragsanteil versteuert werden. Diese Zeit muß nach der Rechtsprechung mindestens 10 Jahre betragen[28], damit überhaupt eine Rente angenommen werden kann.

Zeitrenten sind von **Kaufpreisrenten** abzugrenzen, die noch zu den ersten drei Einkunftsarten (Land- und Forstwirtschaft, Gewerbebetrieb, selbständige Arbeit) gehören und bei diesen voll steuerpflichtig sind. Gehören sie dagegen nicht zu den ersten drei Einkunftsarten, werden sie meist Einkünfte aus Kapitalvermögen darstellen (§ 20 Abs. 1 Nr. 8 EStG).

Bei letzteren unterliegen nur die Erträge (Zinsen) der Einkommensteuer, so daß die Raten in einen steuerpflichtigen Zinsanteil und einen nicht steuerpflichtigen Rückzahlungsanteil aufgeteilt werden müssen.

Unentgeltliche Zeitrenten scheiden grundsätzlich aus der Besteuerung und damit beim Zahlenden aus der Abziehbarkeit aus, wenn sie **freiwillig** oder aufgrund einer freiwillig begründeten Rechtspflicht oder infolge einer **gesetzlichen Unterhaltsverpflichtung** geleistet werden (§ 22 Nr. 1 EStG). Der Empfänger braucht diese Rente dann nicht zu versteuern. Andere unentgeltliche Zeitrenten sind voll steuerpflichtig[29].

Wenn eine Zeitrente unter § 22 Nr. 1 S. 1 EStG fällt, ist sie beim Verpflichteten als **Sonderausgabe** in voller Höhe abziehbar. Beim Empfänger dagegen ist sie in voller Höhe als **sonstiger wiederkehrender Bezug** zu versteuern.

---

27 BFH, Urteil v. 12. 11. 1985, IX R 2/82, BStBl 1986 II S. 261.
28 BFH, Urteil v. 10. 10. 1963, VI 12/62 U, BStBl 1963 III S. 563.
29 BFH, Urteil v. 25. 11. 1980, VIII R 71/76, BStBl 1981 II S. 358, Abschn. 165 Abs. 2 EStR 1987.

4 Gar nicht so selten: Zusätzlicher Arbeitslohn

4.1 Was läuft bei der Arbeitslohn- und Rentenbesteuerung?

Bei der Zahlung des laufenden Arbeitslohns muß der Arbeitgeber von den Bezügen des Arbeitnehmers die **Lohnsteuer einbehalten** und an das Finanzamt abführen. Hierzu erhält jeder Arbeitnehmer eine Lohnsteuerkarte und wird in eine bestimmte Lohnsteuerklasse eingereiht, die sich im wesentlichen nach seinen Familienverhältnissen richtet. Zusätzlich wird die Zahl der Kinder-Freibeträge vermerkt. Die Lohnsteuerklasse ist auf der Lohnsteuerkarte eingetragen, die dem Arbeitgeber vorzulegen ist. Dieser muß je nach dem Lohnzahlungszeitraum die Monats-, Wochen- oder Tageslohnsteuertabelle anwenden.

Nach **Ablauf des Kalenderjahrs** kann für den Arbeitnehmer ein Lohnsteuer-Jahresausgleich oder eine Einkommensteuerveranlagung durchgeführt werden. Hierbei wird die Jahres-Einkommensteuertabelle angewendet. Bei Schwankungen des Arbeitslohns im Laufe des Kalenderjahrs kann sich bereits durch die Anwendung dieser Jahres-Einkommensteuertabelle gegenüber den Lohnsteuertabellen eine Erstattung von Lohnsteuer bzw. Einkommensteuer ergeben.

Dagegen wird die **Einkommensteuer von Renten** nicht im Abzugsverfahren, sondern nach Abgabe der Einkommensteuererklärung im sog. Veranlagungsverfahren durch den Einkommensteuerbescheid festgesetzt und vom Steuerzahler angefordert. Hierbei sind **Renten** aus der gesetzlichen Sozialversicherung und andere Renten als wiederkehrende Bezüge in Form von Leibrenten lediglich mit dem erheblich niedrigeren **Ertragsanteil** steuerpflichtig.

S. → „Ertragsanteil".

Das bedeutet i. a., daß ein ausschließlich von seiner Rente lebender Sozialrentner regelmäßig nicht zur Steuerzahlung oder nur zur Zahlung einer geringen Steuer verpflichtet ist.

4.2 Wenn Arbeitslohn und Rente zusammentreffen

Bezieht jemand Arbeitslohn und Rente, bleibt die Besteuerung der Rente für sich gesehen davon unberührt; das gleiche gilt für den Arbeitslohn.

Jedoch setzt sich das zu versteuernde Einkommen, d. h. das Einkommen, auf das die Steuertabelle anzuwenden ist, aus den **sieben Einkunftsarten** des Einkommensteuergesetzes zusammen.

Arbeitslohn fällt unter **„Einkünfte aus nichtselbständiger Arbeit“**, Renten gehören zu den **„Sonstigen Einkünften“.**

Beispiel:
Erhält ein 55jähriger Ehemann eine Rente von 32.900 DM und hat er daneben Arbeitslohn nach Abzug des Arbeitnehmer-Pauschbetrags oder höherer Werbungskosten von 12.000 DM, ergibt sich folgende Berechnung (zur Vereinfachung werden hier Sonderausgaben usw. weggelassen):

Ertragsanteil der Rente 35%	11.515 DM
./. Werbungskosten-Pauschbetrag für wiederkehrende Bezüge	200 DM
Einkünfte aus wiederkehrenden Bezügen	11.315 DM
+ zu versteuernder Arbeitslohn	12.000 DM
zu versteuernde Einkünfte	23.315 DM
Steuer nach der Splitting-Tabelle 1990	2.314 DM

Die Rente für sich allein wäre noch steuerfrei geblieben, der Arbeitslohn für sich allein hätte eine Steuer von nur 142 DM für 1990 ergeben. Das Zusammentreffen beider Einkünfte führt zu der höheren Steuer.

4.3 Rente als Nebeneinkünfte: 800 DM-Grenze

Wenn Einkünfte aus nichtselbständiger Arbeit (Lohnsteuerabzug) bezogen werden, wird eine Veranlagung zur Einkommensteuer stets durchgeführt, wenn das Einkommen bestimmte Grenzen übersteigt. Diese Grenze liegt bei **27.000 DM** für Ledige und **54.000 DM** für Verheiratete (1989: 24.000/ 48.000 DM).

Bei darunter liegenden Einkommen wird eine Veranlagung jedoch nicht durchgeführt, wenn die Einkünfte, die **nicht** der Lohnsteuer zu unterwerfen waren, insgesamt nur **800 DM** betragen haben.

Das bedeutet: Steuerzahler mit Einkünften aus nichtselbständiger Arbeit (Arbeitslohn) unter der 27.000 DM/54.000 DM-Grenze, die daneben nur noch **eine Rente** mit einem steuerpflichtigen Ertragsanteil von höchstens 800 DM beziehen, werden nicht zur Einkommensteuer veranlagt. Sie können für ihren Arbeitslohn einen Lohnsteuer-Jahresausgleich geltend machen und brauchen die Einkünfte aus der Rente überhaupt nicht zu versteuern.

4.4 Höchste steuerfreie Rente bei der 800 DM-Grenze

Daraus berechnet sich bei einem weiter berufstätigen Rentner, der ab dem vollendeten 65. Lebensjahr eine Rente bezieht, folgende höchstmögliche, noch steuerfreie Rente

Nebeneinkünfte	800 DM
+ Werbungskosten-Pauschbetrag für die Rente	200 DM
steuerunschädlicher Ertragsanteil	1.000 DM

1.000 DM = 24%; mögliche steuerfreie Bruttojahresrente daher

$$\frac{1.000 \times 100}{24} = \frac{100.000}{24} = 4.166 \text{ DM.}$$

Dieses Beispiel gilt nur, wenn höhere Werbungskosten als der Werbungskosten-Pauschbetrag nicht angefallen sind.

Beträgt der Ertragsanteil der Rente nach Abzug des Werbungskosten-Pauschbetrags **mehr als 800 DM**, aber nicht mehr als **1.600 DM**, kommt es zwar zur Besteuerung des Rentenanteils durch eine Einkommensteuer-Veranlagung, jedoch wird die Besteuerung durch den sog. **Härteausgleich** nach § 70 EStDV etwas gemildert.

4.5 So werden Arbeitslohn und Rente abgegrenzt

Zum Arbeitslohn gehören auch Bezüge, die der Arbeitgeber an einen früheren Arbeitnehmer zahlt. Auf die Bezeichnung als Rente kommt es hierbei nicht an. Derartige Bezüge werden nicht als sonstige Einkünfte nach § 22 Nr. 1 EStG mit dem Ertragsanteil, sondern voll wie Arbeitslohn besteuert.

Zum **Arbeitslohn** (Einkünfte aus nichtselbständiger Arbeit) gehören vor allem

- die Pensionen der Beamten,
- Wartegelder, Ruhegelder, Witwen- und Waisengelder und
- Leistungen aus betrieblichen Pensionszusagen.

Für Pensionen und Betriebsrenten wird ein Versorgungs-Freibetrag gewährt (§ 19 Abs. 2 EStG). Wird die Rente wegen Erreichens einer Altersgrenze gezahlt, ist sie nur dann ein Versorgungsbezug, wenn der

Steuerzahler das 62. Lebensjahr, oder, wenn er ein Schwerbehinderter ist, das 60. Lebensjahr, vollendet hat.

Nicht zum Arbeitslohn gehören, können also nur als **Renten** mit dem Ertragsanteil besteuert werden:

- Bezüge, die ganz oder teilweise auf früheren Beitragsleistungen des Arbeitnehmers oder seines Rechtsvorgängers beruhen (§ 2 Abs. 2 Nr. 2 S. 2 LStDV). Denn diese Bezüge sind nicht Entgelt für Dienstleistungen des Arbeitnehmers, sondern haben einen eigenen Rechtsgrund in der Beitragszahlung.
- Mißbräuchen, etwa bei Beitragsleistungen des Arbeitnehmers nur in verschwindend geringem Umfang, kann das Finanzamt mit § 42 AO (Verbot des Mißbrauchs rechtlicher Gestaltungsmöglichkeiten) entgegentreten[30].
- Bezüge, die Renten aus besonderen Versorgungseinrichtungen des Arbeitgebers sind, die aus Mitteln des Arbeitgebers und des Arbeitnehmers gespeist worden sind. Entscheidend ist, wie die früheren Leistungen des Arbeitgebers an die Versicherungskasse behandelt worden sind. Hat der Arbeitnehmer den Beitrag des Arbeitgebers früher als Arbeitslohn versteuert, erfolgt die Besteuerung der Rente nur mit dem Ertragsanteil, d. h. die Rente wird nicht als Arbeitslohn angesehen[31]. Andernfalls wird die Rente als nachträglicher Arbeitslohn betrachtet.

5 Besonders aktuell: Zusätzliche Einkünfte aus Kapitalvermögen

5.1 Was zählt dazu?

5.1.1 Die steuerpflichtigen Einnahmen

Zu den Einkünften aus Kapitalvermögen gehören vor allem

- Gewinnanteile (Dividenden) aus Aktien, GmbH-Anteilen und Anteilen an Erwerbs- und Wirtschaftsgenossenschaften. Zu diesen Einkünften gehört auch die Körperschaftsteuergutschrift, die dem Anteilseigner vom ausschüttenden Unternehmen mitgeteilt wird; allerdings wird der Betrag dieser Gutschrift wieder auf die Einkommensteuerschuld angerechnet (s. Abschn. 5.2.5);

---

30 BFH, Urteil v. 25. 10. 1968, VI R 33/66, BStBl 1969 II S. 187.
31 BFH, Urteil v. 23. 2. 1966, VI 285/65, BStBl 1966 III S. 225.

- Einnahmen aus der Beteiligung an einem Handelsgewerbe als typischer stiller Gesellschafter;
- Zinsen aus Hypotheken, Grundschulden und Rentenschulden;
- Zinsen aus sonstigen Kapitalforderungen jeder Art (z. B. Sparzinsen, Zinsen aus Einlagen und Guthaben bei Kreditanstalten, aus Darlehen und Anleihen).

5.1.2 Pauschbetrag für Werbungskosten

Für Werbungskosten ist bei Einkünften aus Kapitalvermögen ein Pauschbetrag von **100 DM** abzuziehen, sofern nicht höhere Aufwendungen nachgewiesen werden. Werden Ehegatten zusammenveranlagt, verdoppelt sich dieser Pauschbetrag auf **200 DM**. Dieser verdoppelte Pauschbetrag wird voll gewährt, auch wenn nur ein Ehegatte Einnahmen aus Kapitalvermögen bezogen hat, jedoch nur bis zur Höhe der Einnahmen. Haben beide Ehegatten Einnahmen aus Kapitalvermögen, können sie den verdoppelten Pauschbetrag beliebig unter sich aufteilen.

5.1.3 Sparer-Freibetrag

Nachdem der Werbungskosten-Pauschbetrag oder die nachgewiesenen höheren Werbungskosten abgezogen sind, wird bei den Einkünften aus Kapitalvermögen der Sparer-Freibetrag in Höhe von **600 DM** abgezogen. Werden **Ehegatten** zusammenveranlagt, erhalten sie einen gemeinsamen Sparer-Freibetrag in Höhe von 1.200 DM. Dieser ist bei jedem Ehegatten zur Hälfte abzuziehen. Wenn die um die Werbungskosten verminderten Kapitalerträge eines Ehegatten niedriger als 600 DM sind, so wird der nicht ausgeschöpfte Sparer-Freibetrag auf den anderen Ehegatten übertragen. Der Sparer-Freibetrag von 600 DM bzw. 1.200 DM darf aber nicht höher sein als die um die Werbungskosten geminderten Kapitalerträge, d. h. er darf nicht – ebenso wie die Pauschbeträge für Werbungskosten – zu negativen Einkünften führen.

Bis 1988 betrug der Sparer-Freibetrag nur 300 DM/600 DM.

Im Ergebnis bedeutet dies, daß Einkünfte aus Kapitalvermögen nicht zur Einkommensteuer herangezogen werden, soweit sie (ab 1989) nicht mehr als 700 DM/1.400 DM betragen haben.

Beispiel:
Ein verheirateter Steuerzahler bezieht ab seinem 65. Lebensjahr eine Altersrente aus der gesetzlichen Rentenversicherung in Höhe von

36.000 DM jährlich. Er hat weiter ein Kapitalvermögen von 40.000 DM, das auf einem Sparbuch mit längerer Kündigungsfrist angelegt einen Zins von 5% erbringt.

Einkünfte aus Kapitalvermögen:

Zinseinnahmen	2.000 DM	
./. Werbungskosten-Pauschbetrag	200 DM	
./. Sparer-Freibetrag	1.200 DM	
	600 DM	600 DM

Sonstige Einkünfte:

Renteneinnahmen 36.000 DM		
davon Ertragsanteil 24%	8.640 DM	
./. Werbungskosten-Pauschbetrag	200 DM	
	8.440 DM	8.440 DM
Summe der Einkünfte		9.040 DM

Die Einkünfte der Eheleute in Höhe von 9.040 DM führen zu keiner Steuerschuld (die Splitting-Einkommensteuertabelle setzt erst bei höheren Beträgen ein). Auf Antrag kann deshalb das Finanzamt eine Nichtveranlagungsbescheinigung ausstellen (s. Abschn. 5.2.4). Die Bank braucht keine Kapitalertragsteuer einbehalten, wenn ihr die NV-Bescheinigung vor der Zinszahlung vorliegt.

5.2 Viel Wirbel um die Kapitalertragsteuer

5.2.1 Was steckt dahinter?

Die Einkommensteuer wird in der Bundesrepublik Deutschland in zwei Fällen durch **Steuerabzug** erhoben:

- Als Lohnsteuer im Lohnsteuer-Abzugsverfahren und
- als Kapitalertragsteuer bei der Auszahlung von Erträgen aus Kapitalvermögen.

Die **Kapitalertragsteuer** in Höhe von 25% wird seit Jahrzehnten im wesentlichen von Dividenden und sonstigen Erträgen aus Beteiligungen an Kapitalgesellschaften erhoben. Dagegen wurde sie von Zinserträgen i. a. nicht einbehalten. Ab 1. 1. 1989 ist die Kapitalertragsteuer mit einem Satz von 10% auch auf Zinserträge und ähnliche Erträge erweitert worden. Diese Steuer ist unter der Bezeichnung „Kleine Kapitalertragsteuer" oder

„Quellensteuer“ bekannt geworden. Seit dem 1. 7. 1989 ist sie bereits wieder aufgehoben worden; sie gilt also nur für das erste Halbjahr 1989.

5.2.2 Kapitalertragsteuer bei Lebensversicherungen

Erträge aus Lebensversicherungen waren bisher vollkommen einkommensteuerfrei, wenn die Laufzeit des Vertrags mindestens 12 Jahre betragen hatte. Ab 1989 waren die Erträge aus solchen Lebensversicherungen nur noch steuerfrei, soweit es sich um die rechnungsmäßigen Zinsen in Höhe von 3,5% aus dem Guthaben der Versicherungsnehmer handelte. Dagegen wurden die übrigen Erträge der kleinen **Kapitalertragsteuer** in Höhe von **10%** unterworfen.

Seit die 10%ige Quellensteuer auf Lebensversicherungserträge rückwirkend aufgehoben wurde, werden bereits an den Staat abgeführte Beträge den Versicherungsunternehmen zurückgezahlt und von diesen den Versicherungsnehmern gutgeschrieben. Sollten diese unter Vorlage einer NV-Bescheinigung bereits eine Erstattung erhalten haben, dürfen sie die Erstattung zusätzlich behalten.

5.2.3 Nichtveranlagungs-Bescheinigung beantragen!

Wer wegen seines niedrigen Einkommens keine Einkommensteuer zu bezahlen hat und deshalb nicht zur Einkommensteuer veranlagt wird, kann sich vom Wohnsitz-Finanzamt eine Bescheinigung über die Nichtveranlagung (sog. **NV-Bescheinigung**) ausstellen lassen.

Antragsformulare hierfür sind beim Finanzamt erhältlich. Die Bescheinigung ist i. d. R. **drei Jahre** gültig. Sie wird in mehreren Ausfertigungen erteilt, wenn dies für mehrere Banken usw. erforderlich ist.

Wird eine solche Bescheinigung rechtzeitig vorgelegt, nimmt die Bank bei bestimmten Kapitalerträgen (Zinsen aus Festgeldkonten, Zinsen aus Spareinlagen mit vereinbarter Kündigungsfrist usw.) von vornherein **keinen Abzug** der Kapitalertragsteuer vor.

Bei Zinsen aus festverzinslichen Wertpapieren und bestimmten anderen Erträgen wird die vom Herausgeber des Wertpapiers (Emittenten) einbehaltene Kapitalertragsteuer auf Antrag durch das **Bundesamt für Finanzen** (Außenstelle Trier, Dasbachstraße 15, 5500 Trier) erstattet. Die NV-Bescheinigung ist dem Antrag beizufügen, ebenso eine Bescheinigung des Schuldners der Kapitalerträge über den steuerpflichtigen Kapitalertrag und die einbehaltene Kapitalertragsteuer.

Personen, die Einkünfte aus **nichtselbständiger Arbeit** beziehen, für die aber keine Einkommensteuerveranlagung durchgeführt wird, können ebenfalls vom Finanzamt eine NV-Bescheinigung erhalten, damit ein Kapitalertragsteuerabzug unterbleiben oder einbehaltene Kapitalertragsteuer erstattet werden kann.

Beispiel:
Ein verheirateter Steuerzahler erhält eine Beamtenpension in Höhe von 50.000 DM jährlich. Auf einem Sparbuch mit längerer Kündigungsfrist hat er 40.000 DM zu einem Zinssatz von 5% angelegt.

Einkünfte aus Kapitalvermögen

Zinseinnahmen	2.000 DM
./. Werbungskosten-Pauschbetrag	200 DM
./. Sparer-Freibetrag	1.200 DM
	600 DM

Da die Einkünfte, von denen **keine Lohnsteuer** einbehalten worden ist (hier: aus Kapitalvermögen), nicht mehr als 800 DM und das Einkommen der Eheleute insgesamt nicht mehr als 54.000 DM betragen, wird eine Veranlagung nicht durchgeführt. Das Finanzamt erteilt auf Antrag eine NV-Bescheinigung und bei Vorlage dieser Bescheinigung behält die Bank keine Kapitalertragsteuer ein.

Bei der kleinen Kapitalertragsteuer (10%) bleibt nach ihrer Aufhebung das Erstattungsverfahren für diejenigen von Bedeutung, denen im ersten Halbjahr 1989 eine derartige Steuer abgezogen wurde, und die eine NV-Bescheinigung bereits haben oder noch erhalten können.

5.2.4 Kapitalertragsteuer und anrechenbare Körperschaftsteuer

Bei Ausschüttungen von Aktiengesellschaften und GmbH wird Kapitalertragsteuer einbehalten und außerdem wird eine Körperschaftsteuer einbehalten und angerechnet. Die Einnahmen errechnen sich wie folgt:

Tatsächliche Ausschüttung	750 DM
+ Kapitalertragsteuer (25% von 1.000 DM, hier $\frac{1}{3}$ von 750 DM)	250 DM
Summe	1.000 DM
+ anrechenbare Körperschaftsteuer ($\frac{9}{16}$ der Summe)	563 DM
= zu versteuernde Dividendeneinkünfte	1.563 DM

Die Kapitalertragsteuer und die anrechenbare Körperschaftsteuer werden auf die sich ergebende Steuerschuld wie einbehaltene Lohnsteuerbeträge oder Einkommensteuer-Vorauszahlungen angerechnet. Zur Anrechnung der Körperschaftsteuer ist es erforderlich, daß der Steuerzahler die mit der Ausschüttung übersandte Bescheinigungen dem Finanzamt vorlegt.

5.3 Steueramnestie als Chance?

5.3.1 Was ist zu tun?

Bei **Nacherklärung** von Kapitaleinkünften wird durch das „Gesetz über die strafbefreiende Erklärung von Einkünften aus Kapitalvermögen und von Kapitalvermögen" (Artikel 17 des Steuerreformgesetzes 1990, BStBl 1988 I S. 224) eine Strafbefreiung gewährt. Darüber hinaus wird von einer Nachversteuerung für die Jahre **vor 1986** abgesehen.

Für die Nacherklärung ist beim Finanzamt der Vordruck **„ESt/VSt-Nacherklärung"** erhältlich. Dieser ist keine Steuererklärung, sondern soll nur eine Hilfe sein; er **muß** also nicht abgegeben werden. Die Nacherklärung kann auch formlos erfolgen. Wer z. B. Anlaß zur Nacherklärung von Kapitaleinkünften, nicht aber von Kapitalvermögen hat, weil dieses die Freibeträge nicht übersteigt, kann den entsprechenden Teil des Vordrucks streichen.

Beispiel:
Ein Händler hat Einkünfte in seinem Gewerbebetrieb nicht verbucht („Schwarzgelder"). Diese Gelder hat er verzinslich angelegt. Die Zinsen meldet er nach und erlangt insoweit Straffreiheit. Für die Einkünfte aus Gewerbebetrieb erlangt er aber nur bei **Selbstanzeige** Straffreiheit.

Andere Einkünfte als die aus Kapitalvermögen werden von der strafbefreienden Nacherklärung nicht umfaßt. Dies gilt u. a. für bisher nicht erklärte Einkünfte aus Gewerbebetrieb, selbständiger Arbeit, Vermietung und Verpachtung und bei der Vermögensteuer für andere Vermögenswerte.

Eine Straffreiheit kann insoweit nur durch eine **Selbstanzeige** nach §§ 371, 378 Abs. 3 der Abgabenordnung erreicht werden. Eine Steuernachzahlung kann grundsätzlich nicht vermieden werden, es sei denn, die Verjährung wäre bereits eingetreten (10 Jahre bei Steuerhinterziehung).

Ausschluß der Strafbefreiung

Eine strafbefreiende Erklärung ist, auch für zurückliegende Zeiträume, ausgeschlossen, wenn

- ein Steuerbeamter zur Außenprüfung oder Fahndungsprüfung **erschienen** ist,
- dem Steuerzahler oder seinem Vertreter bereits die Einleitung eines Straf- oder Bußgeldverfahrens wegen Hinterziehung oder leichtfertiger Verkürzung von Einkommen- oder Vermögensteuer bekanntgegeben worden ist oder
- die Tat bereits entdeckt war **und** der Täter dies wußte oder bei verständiger Würdigung damit rechnen mußte.

Hinweis: Ab dem **1. 7. 1989** wurde die 10%-Quellensteuer wieder **aufgehoben**. Die Steueramnestie bleibt aber erhalten!

5.3.2 Geringe Kapitaleinkünfte

Nach wie vor bleiben bei Arbeitnehmern, also auch bei Pensionären, geringe Einkünfte aus Kapitalvermögen und sonstige Einkünfte **steuerfrei**. Denn Arbeitnehmer mit einem Einkommen bis 27.000 DM (bei Ehegatten 54.000 DM) brauchen Nebeneinkünfte bis 800 DM jährlich nicht zu versteuern, weil es dann nicht zu einer Einkommensteuer-Veranlagung kommt.

Im Lohnsteuer-Jahresausgleich werden nur Einkünfte aus nichtselbständiger Arbeit (Arbeitslohn) erfaßt. Hat ein Arbeitnehmer Nebeneinkünfte nur aus **Kapitalvermögen**, kann er als **Lediger** jährlich bis zu **1.500 DM**, als **Verheirateter** jährlich bis zu **2.200 DM Einnahmen** aus Kapitalvermögen (z. B. Spar- und Bausparzinsen sowie Dividenden), steuerfrei beziehen (800 DM-Freigrenze für Nebeneinkünfte + 100 DM/Ehegatten 200 DM Werbungskosten-Pauschbetrag + 600 DM/Ehegatten 1.200 DM Sparerfreibetrag).

Bleiben die Einnahmen aus Kapitalvermögen bei Ledigen unter 700 DM (100 DM Werbungskosten-Pauschbetrag + 600 DM Sparerfreibetrag) oder bei Verheirateten unter 1.400 DM (Werbungskosten-Pauschbetrag 200 DM + Sparerfreibetrag 1.200 DM), sind dann noch Nebeneinkünfte aus anderen Einkunftsarten **bis 800 DM steuerfrei**.

Da der **Sparerfreibetrag bis 1989** nur 300/600 DM betrug, waren die entsprechenden Grenzen für die steuerfreien Einnahmen bis 1988 nur 1.200/1.600 DM.

Bezieht ein Arbeitnehmer allerdings noch eine **Rente**, deren Ertragsanteil 800 DM übersteigt, ist eine Einkommensteuer-Veranlagung fällig. Die **Kapitalertragsteuer** wird bei **Nichtveranlagung** erstattet; dies gilt auch für die neue Quellensteuer.

5.3.3 Nacherklärung, ja oder nein?

Wessen Einkünfte aus Kapitalvermögen in den Jahren 1986 und 1987 die Grenzen überschritten haben und wer die Einkünfte bisher nicht oder nicht vollständig angegeben hat, muß sich darüber klar werden, ob er diese Einkünfte **nacherklären** will. Hierfür ist der Termin der **31. 12. 1990.**

- Die Nacherklärung der Kapitaleinkünfte muß für die Kalenderjahre **ab 1986** erfolgen.
- Die auf die unversteuerten Einkünfte entfallende Steuer muß innerhalb einer vom Finanzamt zu bestimmenden Frist **nachgezahlt** werden, wenn die Steuerverkürzung bereits eingetreten ist (z. B. durch bestandskräftige Einkommensteuerveranlagung).
- Die Einkommensteuer für unversteuert gebliebene Kapitaleinkünfte der Kalenderjahre **vor 1986** wird nicht nachgefordert (**Festsetzungsverbot**; keine Steuernachzahlung). Strafrechtliche Maßnahmen werden nicht eingeleitet **(Amnestie).**

Haben Sie die gesetzliche Frist (31. 12. 1990) **versäumt,** so können Sie Wiedereinsetzung in den vorigen Stand beantragen, wenn dies ohne Ihr Verschulden geschah. Entschuldigungsgründe sind z. B. eine schwere Erkrankung oder ein längerer Auslandsaufenthalt. Dann werden Sie so gestellt, als ob Sie die Frist nicht versäumt hätten. Diesen Wiedereinsetzungsantrag müssen Sie aber innerhalb eines Monats nach Wegfall des Umstandes stellen, der Sie an der Nacherklärung gehindert hat. Innerhalb dieses Monats ist auch die Nacherklärung abzugeben. Eine steuerliche Beratung ist auf jeden Fall zu empfehlen.

Ist Ihnen auch ein Wiedereinsetzungsantrag nicht möglich, so bleibt nur noch der Weg der **„Selbstanzeige"**, der Ihnen Straffreiheit verschafft, Sie aber – außer bei Verjährung – nicht von der Nachzahlung befreit (s. Abschn. 5.3.1 „Was ist zu tun?").

Bei **Minderjährigen** erstreckt sich die Wirkung der strafbefreienden Erklärung auch auf die gesetzlichen Vertreter. Hierbei ist daran zu denken, daß bei einem Minderjährigen nicht nur die Einkünfte aus Kapitalvermögen bis 1.200 DM bzw. 1.600 DM als Nebeneinkünfte steuerfrei bleiben (s. Abschn. 5.3.2), sondern, daß seine Besteuerung erst bei Überschreiten des Grundfreibetrags der Steuertabelle (1988: 4.752 DM, ab 1990: 5.616 DM) und etwaiger Frei- und Pauschbeträge beginnt.

5.3.4 Was ist mit der Vermögensteuer?

Bei der Vermögensteuer treten die gleichen Wirkungen ein, wenn das Kapitalvermögen, aus dem die Kapitaleinkünfte geflossen sind, auf den 1. 1. 1986 oder auf einen folgenden Stichtag (1. 1. 1987, 1. 1. 1988 usw.) erklärt werden, je nachdem, wann das Kapitalvermögen erstmals vorhanden war.

Eltern und Kinder unter 18 Jahren werden bei der Vermögensteuer zusammenveranlagt. Hierbei gibt es einen **Freibetrag** von 70.000 DM je Familienmitglied. Hinzu kommen 11.000 DM je Person, wenn das Geld in Wertpapieren angelegt oder auf ein Bankkonto eingezahlt wurde, also zusammen **81.000 DM**. Bei Vater, Mutter und zwei Kindern ergibt sich daraus ein Mindestfreibetrag von 324.000 DM. Bei Grundstücken zählt zudem nicht der Verkehrswert, sondern der Einheitswert. Bei einem Vermögen unter dieser Grenze besteht kein Anlaß zu Nacherklärungen.

6 Eine gute Altersversorgung: Zusätzliche Einkünfte aus Vermietung und Verpachtung

Unter die Einkunftsart „Vermietung und Verpachtung" fallen die Vermietung oder Verpachtung von Gebäuden und unbebauten Grundstücken. Für Senioren oft relevant ist die Besteuerung der eigengenutzten Wohnung und der vermieteten Wohnung.

6.1 Wenn die Wohnung selbst genutzt wird

Seit 1. 1. 1987 ist die Besteuerung des „Wohnens in den eigenen vier Wänden" entfallen. Das bedeutet, daß die (fiktiven) Einnahmen aus einer solchen Wohnung **nicht mehr besteuert** werden. Das bedeutet aber auch, daß die mit der Wohnung zusammenhängenden Aufwendungen (Schuldzinsen, Reparaturen, Abschreiben usw.) steuerlich nicht mehr abgesetzt werden können. Davon **ausgenommen** sind lediglich die Aufwendungen vor dem Bezug der Wohnung, die auch im Fall der Vermietung als Werbungskosten abgezogen werden können (§ 10e Abs. 6 EStG).

Da der Staat aber aus vielerlei Gründen auch selbstgenutztes Wohneigentum weiter fördern will, ist eine neuartige sog. **Grundförderung** (§ 10e EStG) eingeführt worden. Auch wird das sog. Baukindergeld bereits ab dem ersten Kind gewährt, was nach bisherigem Recht erst ab dem zweiten Kind der Fall war und noch ist.

Wer **nach dem 31. 12. 1986** eine Wohnung als Käufer erworben oder als Bauherr fertiggestellt oder durch zusätzliche Baumaßnahme zusätzlichen Wohnraum geschaffen hat, kann ggf. **folgende Steuervergünstigungen** erhalten:

- Inanspruchnahme der Grundförderung (§ 10e EStG),
- Inanspruchnahme des Baukindergelds (§ 34f EStG),
- Absetzung der Aufwendungen vor Bezug (§ 10e Abs. 6 EStG) und
- Abzug der Aufwendungen für bestimmte förderungswürdige Baumaßnahmen.

Förderungswürdige Baumaßnahmen sind:

- Der sog. Modernisierungsaufwand (§ 82a EStDV),
- Baumaßnahmen nach dem Bundesbau- oder Städtebaugesetz an Gebäuden, die in einem Sanierungsgebiet liegen (§ 82g EStDV),
- Aufwendungen für Baudenkmäler (§ 82i EStDV) und
- Aufwendungen für den Bau eines Schutzraums (§§ 7 und 12 Schutzbaugesetz).

Für **vor dem 1. 1. 1987** gekaufte oder fertiggestellte, selbstbewohnte eigene Wohnungen sind zwei Übergangsregelungen zu beachten.

a) Die **kleine Übergangsregelung** greift ein, wenn der Steuerzahler die Wohnung bereits 1986 genutzt **und** mit dem pauschalen Nutzungswert nach § 21a EStG versteuert hat, oder wenn diese Wohnung 1986 vermietet war oder leer stand und 1987 oder 1988 vom Steuerzahler bezogen wurde. Einnahmen sind auch hier nicht mehr zu versteuern. Wurden aber 1986 eine oder mehrere der folgenden Steuervergünstigungen in Anspruch genommen, können diese noch bis zum Ablauf des jeweils geltenden, noch nicht ausgeschöpften Begünstigungszeitraums als Sonderausgaben abgesetzt werden:

   - Erhöhte Absetzungen nach § 7b EStG, § 15 BerlinFG,
   - Modernisierungsaufwand nach § 82a EStDV,
   - Baumaßnahmen im Sinn des Bundesbau- bzw. Städtebaugesetzes an Gebäuden, die in einem Sanierungsgebiet liegen (§ 82g EStDV),
   - Aufwendungen für Baudenkmäler (§ 82i EStDV),
   - Aufwendungen für den Bau eines Schutzraums (§§ 7 und 12 Schutzbaugesetz) und
   - der erweiterte Schuldzinsenabzug (§ 21a Abs. 4 EStG).

   Entsprechende Eintragungen sind in der **Anlage FW** zur Einkommensteuererklärung vorzunehmen.

b) Die **große Übergangsregelung** greift dann ein, wenn bei der Steuerberechnung 1986 für die eigene Wohnung ein **Mietwert** festgesetzt wurde. Dies war z. B. der Fall, wenn jemand Eigentümer eines Zweifamilienhauses war und 1986 eine Wohnung selbst bewohnte und eine andere vermietet hatte.

   Die **vermietete** Wohnung wird wie bisher weiterbehandelt.

   Die angefallenen Aufwendungen (Schuldzinsen, Grundsteuer, Abschreibung usw.) werden **im Verhältnis der Nutzflächen** der eigengenutzten zur vermieteten Wohnung bzw. zu allen vermieteten Wohnungen berücksichtigt (verhältnismäßige Zurechnung). Reparaturen, die das gesamte Haus betreffen (z. B. Dachumdeckung, Erneuerung der Außenfassade), sind in gleicher Weise aufzuteilen. Wenn aber Reparaturen nur die vermietete Wohnung betreffen (z. B. Erneuerung eines Bades), ist der gesamte Aufwand bei den Werbungskosten zu berücksichtigen (direkte Zuordnung).

Für die eigengenutzte Wohnung hat der Steuerzahler **ab 1987** ein **Wahlrecht:** Er kann das alte Recht beibehalten oder aber neues Recht anwenden.

a) Wird das **alte Recht** beibehalten, ist auch weiterhin ein Mietwert anzusetzen. Dafür kann der Steuerzahler aber auch die mit der Wohnung zusammenhängenden Aufwendungen als Werbungskosten absetzen. Spätestens mit der Abgabe der Einkommensteuererklärung für 1999 muß er zwangsweise zum neuen Recht übergehen; freiwillig ist dies schon vorher möglich.

b) Nach **neuem Recht** rechnet das Wohnen in den eigenen vier Wänden nicht mehr zu den Einkünften aus Vermietung und Verpachtung und ist von der Besteuerung freigestellt. Das bedeutet, daß auch die mit der Wohnung zusammenhängenden Aufwendungen nicht mehr als Werbungskosten absetzbar sind. Wenn der Steuerzahler schon 1986 Abschreibungen nach § 7b EStG, nach §§ 82a, 82g, 82i EStDV (s. oben) oder die Abschreibung für Schutzräume in Anspruch genommen hat, kann er die Sonderabschreibungen weiter bis zum Ablauf des Begünstigungszeitraums als Sonderausgaben absetzen.

6.2 Wenn die Wohnung vermietet wird

Bei vermieteten Wohnungen hat sich durch die Änderung hinsichtlich des selbstgenutzten Wohnungseigentums ab dem Jahre 1987 nichts geändert. Die Einkünfte (Einnahmen nach Abzug der Werbungskosten) müssen als **Einkünfte aus Vermietung und Verpachtung** besteuert werden.

Das bedeutet, daß Angaben in der Einkommensteuererklärung gemacht werden müssen. I. d. R. ist für jedes Objekt die Abgabe einer gesonderten **„Anlage V"** erforderlich. Der Überschuß ist bei einem Rentner zu seinen Einkünften aus der Rente (sonstige Einkünfte in Höhe des Ertragsanteils) hinzuzurechnen, bei einem Pensionär werden sie zu seinen Einkünften aus nichtselbständiger Arbeit zugerechnet. Zwar gilt die 800-DM-Grenze auch hier (s. Abschn. 4.3), sie wird in der Praxis aber immer überschritten.

Beispiel:
Ehegatten, die beide über 65 Jahre sind, erhalten eine Pension und eine Leibrente und haben dazu noch Einkünfte aus einem vermieteten Haus.

- Die Einkünfte aus der Pension werden, weil die Eheleute das erforderliche Alter erreicht haben, durch Abzug des Versorgungs-Freibetrags in der Besteuerung gemildert.
- Die Einkünfte aus der Leibrente werden steuerlich günstig besteuert, weil nur der Ertragsanteil angesetzt wird.
- Die Einkünfte aus der Vermietung werden für Senioren steuerlich begünstigt, weil hierfür der Altersentlastungsbetrag angesetzt wird.

Das alte Recht ist i. a. günstiger, wenn eine **hohe Zinsbelastung** und hohe Reparaturaufwendungen vorhanden sind. Sonst empfiehlt sich der Übergang zum neuen Recht. Die Entscheidung hängt jedoch von den Verhältnissen des Einzelfalls ab.

Beispiel:
Ein Pensionär hat ein Einfamilienhaus, das er selbst bewohnt. Vergünstigungen, die er fortführen kann, sind nicht mehr gegeben. Steuerlich braucht er insoweit weder Einnahmen anzugeben noch kann er Ausgaben absetzen.

Modernisierungsaufwand (§ 82a EStDV) ist aber auch für Herstellungskosten im Zeitraum ab dem 1. 1. 1987 bis 31. 12. 1991 noch jährlich mit 10% wie eine Sonderausgabe abziehbar. Baut der Pensionär also nunmehr eine Zentralheizung ein, kann er 10 Jahre lang die Ausgaben mit 10% für Sonderausgaben abziehen. Hierzu muß er zur Einkommensteuererklärung eine Anlage FW abgeben und die Angaben darin machen.

Stichwortverzeichnis

WRS Steuer-Ratgeber

...jetzt gezielter Steuern sparen

ISBN: 3-8092-0555-9
DM 19,80 Best.-Nr. 36.08

ISBN: 3-8092-0690-3
DM 19,80 Best.-Nr. 36.11

ISBN: 3-8092-0787-X
DM 19,80 Best.-Nr. 36.09

ISBN: 3-8092-0561-3
DM 19,80 Best.-Nr. 36.10

ISBN: 3-8092-0612-1
DM 19,80 Best.-Nr. 36.04

ISBN: 3-8092-0455-2
DM 19,80 Best.-Nr. 36.05

WRS Verlag Wirtschaft, Recht & Steuern